역사는 우리의 생활을 조명하는 거울입니다.
따라서 현재를 바라보고 미래를 준비할 수 있는 바탕을 마련해 줍니다.

다시 쓰는 이야기 **한국사** ①

다시 쓰는 **이야기 한국사** ❶

2011년 1월 15일 개정 1쇄 펴냄 · 2015년 11월 25일 개정 8쇄 펴냄

펴낸곳 | ㈜ 꿈소담이
펴낸이 | 김숙희
글 | 호원희
그림 | 조장호

주소 | 136-825 서울특별시 성북구 성북동 178-2
전화 | 747-8970 / 742-8902(편집) / 741-8971(영업)
팩스 | 762-8567
등록번호 | 제307-2002-53호(2002. 9. 3)
홈페이지 | www.dreamsodam.co.kr
전자우편 | isodam@dreamsodam.co.kr

ⓒ 우리누리, 2011
ISBN 978-89-5689-719-6 73900
　　　　978-89-5689-718-9 73900 (세트)

● 책 가격은 뒤표지에 있습니다.
● 꿈소담이의 좋은 책들은 어린이와 세상을 잇는 든든한 다리입니다.

다시 쓰는 이야기 한국사 ①

글 호원희 | 그림 조장호

소담 주니어

머리말

　다시 쓰는 이야기 한국사와 세계사 시리즈가 맨 처음 세상에 나온 것은 1994년도예요. 그때 이 책을 읽었던 어린이들은 지금쯤 20대 후반이 되었을 테고, 이미 엄마 아빠가 된 분들도 있을 거예요. 그 사이 한 차례 개정판을 냈고, 이번에 다시 두 번째 개정판을 내게 됐어요. 이 책에도 나름의 역사가 만들어지고 있는 셈이지요. 이번 책은 또 어떤 어린이들의 손에서 한 장, 한 장 넘겨질까 기대가 되네요.

　이 책을 읽을 어린이들은 본문을 펼치기 전에 먼저 해야 할 일이 있어요. 큰 종이와 연필을 준비해서 여러분이 생각하는 타임머신을 그려보는 거예요. 되도록 세밀하게 그리고 색칠도 해 주세요. 다 그렸으면 예쁘게 오려서 책상 앞에 붙여 놓으세요.

　이제 준비가 끝났으면 타임머신을 타고 까마득히 먼 옛날, 한반도에 맨 처음 사람이 살기 시작한 그때로 거슬러 올라가 봐요. 아주 멀리 가야 하니까 두 눈을 질끈 감고, 손잡이를 꼭 잡아야 해요. 아참, 여러분과 여행을 함께 할 친구들을 소개해야겠네요. 좀 덜렁대지만 마음씨 곱고 명랑한 현아, 생각이 깊고 엉뚱한 준호, 똑똑하고 아는 것 많은 현수. 이렇게 세 친구가 여러분과 함께 떠날 거예요.

　이 친구들과 함께 단군왕검도 만나고, 고구려 병사들의 말발굽 소리도 들어보고, 황산벌에 쓰러진 백제 결사대도 만나 보세요. 조금 더 가다 보면 신라의 도읍 경주에 울려 퍼지던 가야금 소리도 들을 수 있고, 고려의 노비 만적이 울부짖는 소리도 들을 수 있을 거예요. 물시계, 해시계도 구경해 보고, 거북선의 당당한 모습도 빼놓을 수 없겠지요? 동학농민군의 분노와 좌절, 독립투사들의 간절한 소망도 함께 느껴 보세요. 가만! 6·25 전쟁의 총성도 들리는군요. 그리고 여행의 막바지에는 여러분의 부모님이 기다리고 계실 거예요. 1980년 광주 민주화 운동과 6월 민주항쟁의 현장에서 여러분의 부모님을 만나 함께 손잡고 오늘로 돌아오세요.

　수많은 오늘이 쌓이고 쌓여서 역사가 되고, 그 역사 위에 새로운 오늘이 열리는 거예요. 이것을 깨닫는 순간 우리는 누구나 조금 더 진실하고 겸손해질 수 있을 거예요.

　이 책이 어린이 여러분들에게 읽는 즐거움을 주고 오래 오래 기억에 남을 수 있기를 기원하며…….

호원희

차례

한반도의 선사 시대 한민족의 형성　12

우리 민족의 뿌리 고조선의 건국　22

활 잘 쏘는 주몽 고구려의 건국　34

남쪽으로 내려온 고구려의 왕자들 백제의 건국　44

알에서 태어나 나라를 세우다 신라의 건국　54

거북아 거북아 머리를 내밀어라 가야　64

한강을 차지하라! 삼국의 경쟁과 발전　74

흰 피를 흘리며 죽은 이차돈 불교가 들어오다　82

만족하고 그만 그치기를 바라노라!
　　　　　　　수나라를 물리친 고구려　92

신라의 소년들 화랑도　102

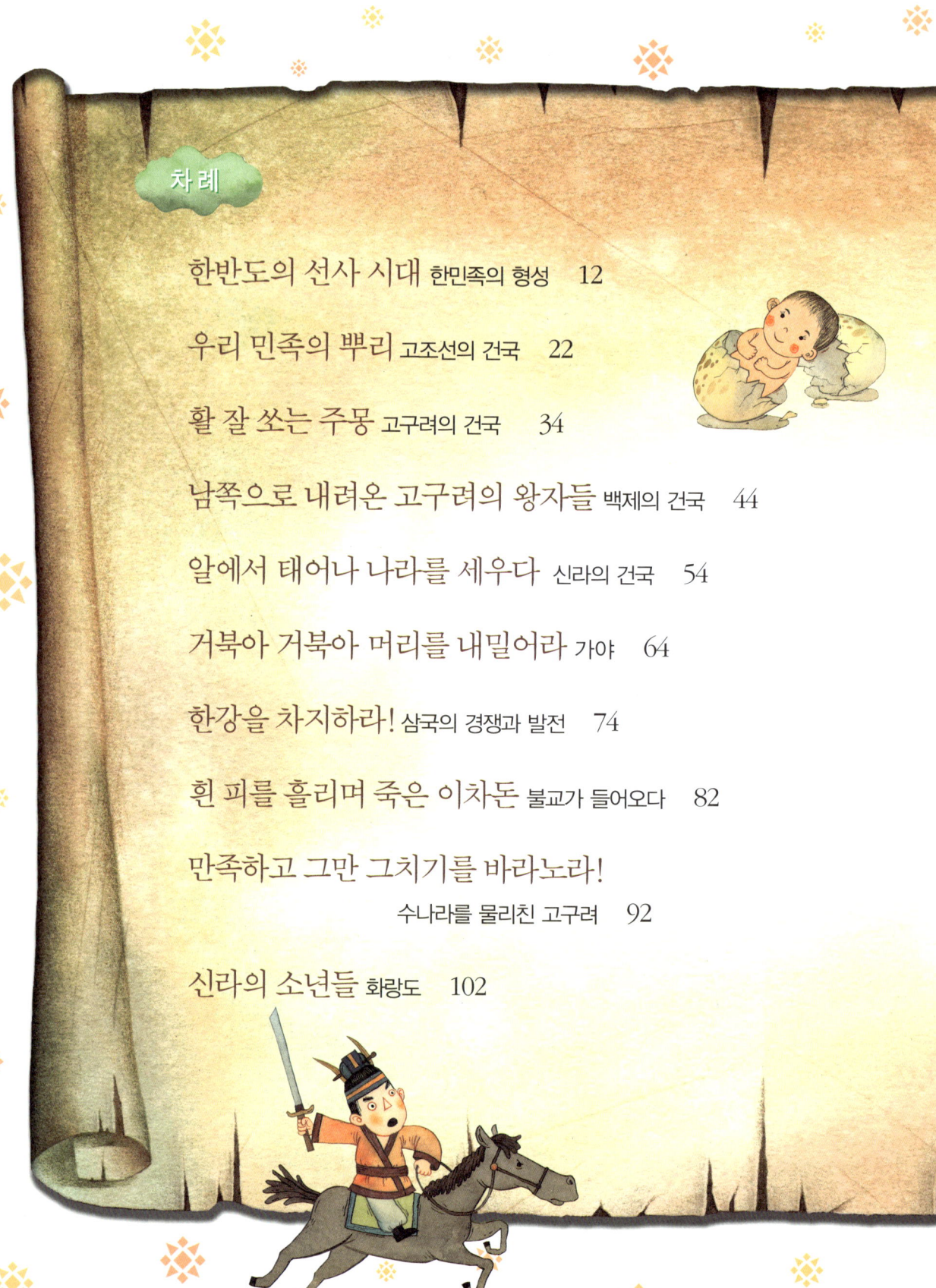

황산벌에 쓰러진 계백 장군 　백제의 멸망　110

삼국은 어떻게 통일되었을까 　고구려의 멸망과 삼국 통일　120

나는 고구려의 왕이다 　고구려의 뒤를 이은 발해　130

신라의 빛과 그림자 　신라 문화의 발전과 쇠퇴　138

궁예, 견훤, 그리고 왕건 　후삼국을 통일한 고려　146

서경으로 도읍을 옮겨라 　묘청의 서경 천도 운동　156

불에 탄 대장군의 수염 　무신의 난　166

장상이 어찌 씨가 따로 있으랴 　노비 만적의 난　176

백성이 없으면 왕도 없다 　몽골과의 전쟁　184

말머리를 돌려라 　조선의 건국　196

부록　207

한반도의
선사 시대

:: 한민족의 형성

새 학기가 시작되고 며칠은 겨울처럼 춥더니 어느새 햇볕이 제법 따뜻해졌어요. 바람 끝에는 간질간질하게 봄 냄새가 묻어 있었고요. 현아는 수업이 끝나고 집으로 돌아오는 길에 준호를 발견했어요. 준호는 집 앞 놀이터에 혼자 앉아 있었지요.

"너 집에 안 들어가고 뭐해?"

현아가 다가가며 물었지만 대답이 없었어요. 가만히 보니 준호는 나뭇가지로 놀이터의 흙을 파헤치고 있었어요.

"왜 땅을 파고 있어? 거기 뭐 있어?"

"고민하는 중이야."

현아가 곁에 쪼그려 앉자 준호는 그제야 입을 열었어요.

"무슨 고민?"

"오늘 아침에 눈을 떴는데 갑자기 내가 죽을 거라는 생각이 들었거든."

"왜? 어디 아파?"

현아는 깜짝 놀라서 얼굴을 바짝 들이대며 준호를 살펴봤어요.

"아니. 아무 데도 안 아파. 하지만 사람은 누구나 죽잖아. 어차피 죽을 건데 공부는 해서 뭐하나 고민하고 있었어."

현아와 동갑내기 사촌인 준호는 사흘이 멀다 하고 이상한 고민에 빠져들거나 기막히게 엉뚱한 일을 벌이는 아이지요. 한두 번 있는 일도 아닌데 현아는 그럴 때마다 번번이 깜짝깜짝 놀라곤 해요.

"너 또 엉뚱한 고민하고 있구나? 그런데 땅은 왜 파? 땅속에 답이 있어?"

현아가 벌써 한 뼘이나 되게 파 놓은 구덩이 속을 들여다보며 물었어요.

"아니. 그냥 파는 거야. 가만히 앉아서 고민하면 심심하니까. 어! 그런데 여기 뭐가 있다."

구덩이 속을 들여다보니 뭔가 하얀 것이 보였어요. 준호는 나뭇가지를 내려놓고서 손으로 흙 속을 뒤지더니 하얀 조개껍데기 하나를 꺼냈어요.

"이것 봐. 이 조개도 한때는 살아서 움직였을 텐데 지금은 죽어서 흙 속에 묻혀 있잖아."

준호가 조개껍데기를 손바닥에 올려놓으며 말했어요. 그런데 준호 손바닥 위에 있는 조개껍데기는 뭔가 좀 이상해 보였어요.

"어! 구멍이 뚫려 있네. 여기 봐. 누가 일부러 뚫은 것 같지 않아? 혹시

이 조개껍데기가 옛날 사람들이 쓰던 아주 귀한 보물 아닐까?"

현아는 호기심과 기대로 가슴이 콩닥거릴 지경이었지만 준호는 여전히 시큰둥하기만 했어요. 그때 현수를 데리고 산책을 나가셨던 할아버지를 만났어요.

"할아버지, 할아버지, 이것 좀 보세요."

현아는 손을 흔들며 목청껏 소리쳤어요.

"할아버지, 이거 혹시 보물 아닐까요? 그러니까 아주 옛날 사람들이 쓰던 물건 말이에요."

현아의 친할아버지이자 준호의 외할아버지는 아이들이 묻는 말에 언제나 아주 친절하게 대답해 주세요. 엄마, 아빠도 뭐든 궁금한 게 있으면 할아버지께 여쭤 보라고 하시죠.

할아버지는 돋보기를 안 쓰셔서 현아가 가리키는 작은 구멍을 제대로 보지 못하셨어요.

"아이 참! 여기요. 여기 구멍이 뚫려 있잖아요. 그러니까 이건 옛날 사람들이 목걸이로 사용했을 거예요. 맞죠?"

현아가 조바심을 내며 말했어요.

"그런 걸 유물이라고 하는 거야. 그러니까 이게 선사 시대의 유물이란 말이지? 선사 시대에 혹시 여기가 바다였나?"

현수가 끼어들어 아주 건방지게 말했어요. 현아와 준호보다 한 살 아래인 현수는 공부밖에 모르는 아이예요. 책도 엄청나게 많이 읽어서 아는 것이 많긴 한데, 잘난 척은 그보다 몇 배 더 심하지요.

"여기가 바다였던 게 아니라 이 모래가 바닷가에서 퍼 온 거지."

여전히 시무룩하기만 하던 준호가 한마디 했어요. 아는 것 많은 현수도 준호의 말에 그만 입을 다물어 버렸지요.

"현수 말대로 이 조개껍데기가 선사 시대의 유물일 수도 있지."

"선사 시대는 얼마나 오래전인데요? 1,000년 전쯤 돼요?"

할아버지 말씀에 현아는 진짜로 유물을 발견한 것처럼 신이 나서 물었어요.

"1,000년 전이 어떻게 선사 시대겠어? 누나는 선사 시대가 뭔지도 모르는구나?"

현수는 한심하다는 듯이 현아를 아래위로 훑어보기까지 했어요. 기분이 상한 현아는 현수를 노려보며 자리에서 벌떡 일어났지요.

"자, 싸우지 말고 이리 와 앉아서 할아버지 얘기 좀 들어 봐라."

할아버지는 아이들을 의자에 나란히 앉히고 선사 시대 이야기를 시작하셨어요.

"문자가 발명되고 사람들이 기록을 남기기 전 시대를 선사 시대라고 해. 이에 비해 문자로 기록을 남기기 시작한 이후부터를 역사 시대라고 부르지. 그럼 아무 기록도 남아 있지 않은 선사 시대에 대해서는 어떻게 알 수 있을까? 그건 유적이나 유물 덕분이란다. 유적이나 유물을 통해 우리는 먼 옛날 사람들이 어떻게 살았는지를 미루어 짐작할 수 있는 거야."

　시대를 구분하는 방식에는 몇 가지가 있는데, 그중에는 사람들이 어떤 도구를 사용하느냐에 따르는 방식이 있어요. 자연에서 쉽게 얻을 수 있는 것 중 가장 단단한 것은 돌이에요. 그러니까 사람들은 맨 처음 돌로 도구를 만들어 썼는데, 이 시기를 석기 시대라고 해요. 석기 시대는 다시 구석기 시대와 신석기 시대로 나뉘어요. 구석기 시대에는 적당한 돌을 찾아내거나 몇 번 쪼개서 도끼, 창과 같은 도구를 만들어 썼지요. 신석기 시대에는 한 단계 더 발달해서, 돌을 그냥 사용하지 않고 갈아서 원하는 모양으로 다듬어 사용했어요.

그럼 한반도는 어땠을까요? 한반도에 언제부터 사람이 살기 시작했느냐에 대해서는 학자마다 약간씩 의견이 달라요. 하지만 적어도 지금으로부터 70만 년 전에 이미 사람이 살았을 거라는 데는 의견을 같이하고 있지요. 70만 년 전은 구석기 시대니까 한반도에도 구석기 시대가 있었던 거예요.

구석기 시대의 사람들은 주로 동굴이나 바위 그늘에서 살았어요. 사냥을 하거나 나무 열매 등을 따 먹고 살던 이들에게는 먹을 것이 넉넉하지 않았어요. 주변에 먹을 것이 떨어지면 언제든 다른 곳으로 옮겨 가야만 했지요. 게다가 사나운 짐승의 공격을 받는 경우도 많았고 추위나 홍수 등

자연 재해에도 속수무책이었어요. 이런 이유 때문에 구석기인들은 30명에서 40명씩 떼를 지어 함께 살았어요. 그래야 사냥을 하거나 사나운 짐승들이 공격해 올 때 막아 낼 수 있었으니까요. 사람들끼리는 모두 평등해서 지배하는 사람도 지배를 받는 사람도 없었고, 부자도 가난한 사람도 없었어요. 그중 나이 많은 사람이 무리를 이끌었고, 아이를 낳으면 공동으로 키웠지요.

구석기 시대의 유적과 유물은 평안도, 함경도, 충청도, 경기도 등 한반도 곳곳에서 발견되었어요. 그런데 이 유적과 유물을 남긴 구석기인들이 바로 우리의 조상인지는 확신할 수 없어요. 그 사람들이 다른 곳으로 옮겨 가 살았을 수도 있고, 또 이후에 다른 사람들이 우리 땅에 옮겨 와 살았을 수도 있기 때문이에요.

선사 시대 지구에는 몇 번의 빙하기가 있었어요. 빙하기는 지구의 기온이 갑자기 뚝 떨어졌던 시기를 말해요. 빙하기를 거치면서 지구 위에 살던 여러 생물들이 사라져 버리기도 했고, 사는 곳을 옮기기도 했어요. 땅과 바다의 모양도 오랜 세월을 두고 많이 변했어요. 구석기 시대의 유적이나 유물이 발견되는 것으로 보아 그 당시 한반도가 육지였던 것은 분명하지만, 자연환경은 지금과 퍽 달랐을 거예요. 빙하기 때는 중국, 우리나라, 일본이 모두 한 덩어리로 붙어 있었다고 해요. 그러다가 빙하기가 끝나고 기온이 올라가면서 일본은 섬이 되었고, 한반도는 지금과 같은 모양으로 변했지요.

  빙하기가 끝나고 지구의 기온이 다시 올라가기 시작하자 추운 지방에 살던 동물들은 기온이 낮은 곳을 찾아 떠났어요. 어떤 학자들은 이때 한반도에 살던 구석기인들도 함께 떠났을 거라고 주장해요. 하지만 그렇지 않고 그냥 눌러 살았을 것으로 생각하는 학자들도 있어요. 사람은 주변의 환경이 바뀌어도 거기에 적응하면서 살기 마련이니까요.

  하지만 신석기 시대에 한반도에 살던 사람들이 우리 민족의 조상이라는 데에는 이견이 없어요. 신석기 시대의 유적은 주로 강가나 해안가에서 발견되죠. 이 시기에는 무리의 숫자도 늘어났고, 식량이 넉넉해져서 먹고 남은 음식을 저장하기 위해 흙으로 그릇을 빚어 사용하기도 했어요. 바닥이 뾰족하고 빗살 모양 등의 무늬가 있는 토기는 신석기 문화의 특징이지요.

  신석기 시대 말기쯤 사람들은 농사를 짓기 시작했어요. 농사의 시작은 '신석기 혁명'이라고 부를 정도로 정말 어마어마한 일이었지요. 농사를 짓기 시작하면서 사람들은 이곳저곳 떠돌아다니지 않고 한곳에 머물러 살 수 있게 되었고, 새로운 문화가 꽃피기 시작했어요. 불에 탄 조와 피가 발견된 것으로 보아 한반도에서도 신석기 시대부터 잡곡 농사를 지었다는 것을 알 수 있답니다.

  "생각해 봐. 먼 먼 옛날 짐승에게 쫓기던 구석기인이 최초로 돌도끼를 만들었어. 또 먼 먼 옛날 이름 모를 신석기인은 씨앗을 땅에 심어 농사를 지을 수 있다는 걸 알아냈고. 우리는 이들을 모르지만, 이들의 노력과 이들의 희망 덕분에 오늘의 삶을 누릴 수 있는 거란다. 놀랍지 않니?"

할아버지가 이야기를 마치고 준호를 바라보셨어요. 시무룩하던 준호는 어느새 할아버지의 얘기에 푹 빠져 있었지요.

"준호야, 할아버지는 이렇게 늙었지만 대신 너희가 세상에 나와서 이렇게 자라고 있지? 물론 언젠가 너희도 할아버지처럼 늙을 거고, 또 삶을 마쳐야 할 때가 올 거야. 생명을 가진 모든 것들은 다 죽게 마련이니까. 하지만 그럼에도 우리가 하루하루를 성실하고 진실하게 살아가야 하는 이유는 우리 뒤를 이어서 우리의 자손들이 살아가기 때문이란다. 그리고 이렇게 대를 이어 살아온 인간의 발자취가 바로 역사야."

준호는 아무 말 없었지만 할아버지와 아주 의미 깊은 눈빛을 주고받았어요. 하지만 현아의 관심은 여전히 구멍 뚫린 조개껍데기에 있었지요.

"할아버지, 그럼 이 조개껍데기는 구석기인들이 장식품으로 쓰던 것일까요?"

"하루하루 먹고살기도 힘들던 구석기인들이 무슨 장식품을 만들었겠어? 말도 안 돼."

현아의 질문에 현수가 콧방귀를 뀌었어요.

"그렇지 않아. 불안하고 힘겨운 하루하루를 살았던 구석기 시대 사람들도 이미 조각을 할 줄 알았고, 장식품을 만들어 쓰기도 했단다. 구석기 시대의 유적에는 돌이나 동물의 뼈와 뿔 같은 것에 개, 고래, 멧돼지, 새 등을 새긴 조각과 그림이 있거든. 이런 그림이나 조각에는 동물이 많이 잡혀 배불리 먹을 수 있도록 해 달라고 하늘에 비는 뜻이 있었을 거야. 내가 보기에도 이건 목걸이 같기는 한데……. 선사 시대 사람들이 아니라 요즘 사람들이 쓰던 것 같구나. 바닷가에 가면 조개껍데기를 묶어서 만든 목걸이를 기념품으로 팔지? 보렴. 이 조개껍데기에는 나무에 윤기를 낼 때 칠하는 투명한 칠이 묻어 있지 않니?"

할아버지의 대답에 현아는 그만 맥이 풀려 버렸어요.

우리 민족의
뿌리

:: 고조선의 건국

"현아야, 준호 너희 집에 안 갔니?"

저녁때 고모한테서 전화가 왔어요. 영어 학원에 간다고 집을 나선 준호가 학원에 가지 않았다는 거예요. 걱정하시는 고모를 위해 현아는 현수를 데리고 동네를 한 바퀴 둘러보기로 했어요.

하지만 멀리 갈 것도 없이 아파트 단지 옆 공원에서 준호를 발견했어요. 준호는 도대체 뭘 하는 건지 커다란 은행나무를 끌어안고 있었지요.

"너 학원 빼먹고 거기서 뭐하는 거야?"

준호는 현아에게 조용히 하라는 신호를 보내고 다시 은행나무에 귀를 댄 채 꼼짝도 하지 않았어요.

"나무에서 무슨 소리가 나?"

잠시 후 준호가 팔을 풀고 물러나자 현아가 목소리를 낮춰 조심스럽게 물었어요.

"아무 소리도 안 나."

"당연하지. 그럼 나무가 말이라도 할 줄 알았어? 어서 집에나 가 봐. 각오 단단히 해야 할걸. 형네 엄마가 잔뜩 화나셨더라고."

현수가 빈정거렸지만 준호의 표정은 진지하기만 했어요.

"나는 지금 신단수를 찾고 있어. 아무래도 이 나무는 아닌 것 같아. 산으로 가야 하나?"

준호가 다시 그 옆의 나무를 끌어안고 귀를 갖다 대며 말했어요.

"신단수? 그게 뭔데?"

"우리 누나의 무식은 정말 끝이 없다니까. 누나는 단군 신화도 안 읽어 봤어? 환인의 아들 환웅이 신단수를 통해 인간 세상으로 내려왔다고 했잖아. 환웅과 웅녀가 결혼해서 낳은 단군왕검이 나라를 세운 곳도 신단수 아래고. 그러니까 신단수란 하늘과 인간 세상을 연결해 주는 통로 역할을 하는 나무야."

현수가 신단수에 대해서 끊임없이 떠들어 대고 있을 때 할아버지께서 오셨어요. 할아버지도 준호를 찾으러 다니시는 중이었지요.

"너희들 여기서 뭐하는 거니?"

현아가 자초지종을 말씀드리자 할아버지는 우선 준호네 집과 현아네 집에 전화부터 해 주셨어요.

"그래, 준호는 왜 학원에 안 가고 신단수를 찾으려는 게냐?"

"우리 민족은 하늘의 자손이잖아요. 그럼에서 신단수를 찾아서 다시 하늘과 연결이 되어야지요. 영어 학원에 가는 것보다 그게 더 중요하지 않나요? 도대체 남의 나라 말은 왜 배워야 하는지 모르겠어요."

준호가 아주 진지하게 대답했어요.

"준호가 단군 신화를 읽은 모양이구나. 하지만 단군 신화에 나오는 신단수를 이 공원에서 찾는 건 무리지. 여기 있는 나무들은 십 년 전 식목일에 아파트 단지 사람들이 심은 건데 신단수일 리가 있겠니?"

할아버지는 공원 의자에 아이들을 앉히고 단군 신화에 대해 이야기해 주셨어요.

석기 시대 이후 인류는 청동으로 도구를 만들어 썼어요. 청동은 구리에 다른 금속을 섞어서 만들어요. 투박한 돌칼, 돌도끼를 사용하던 사람들에게 번쩍번쩍 빛나는 금속 도구는 엄청난 충격이었을 거예요. 하지만 청동은 구하기가 어려웠기 때문에 청동기 시대가 왔다고 해서 바로 모든 농기구나 무기가 청동으로 바뀐 건 아니고 여전히 돌로 만든 도구를 함께 사용했어요.

청동기 시대는 석기 시대보다 먹을 것이 넉넉해졌어요. 농사를 짓고 가축을 키우고 사냥도 하면 일 년 내내 먹고 남을 만큼의 식량을 얻을 수도 있었거든요. 그러자 사람들 사이에도 변화가 생기기 시작했어요. 평등하던 관계가 깨지고 지배하는 사람과 지배를 당하는 사람이 구분되기 시작한 거죠. 무리의 우두머리는 이제 나머지 사람들의 지배자가 되었어요.

우리나라 곳곳에서 발견되는 수많은 고인돌들은 청동기 시대 지배자들의 무덤이었어요. 고인돌의 규모를 보면 그 밑에 묻혀 있는 사람이 얼마나 큰 권력을 갖고 있었는지를 짐작할 수 있지요. 어마어마하게 커다란 돌을 날라 와 무덤을 만들기 위해서는 많은 사람들을 동원할 수 있어야 했을 테니까요.

청동기 시대의 한반도와 그 북쪽 만주 지방에는 여러 무리들이 흩어져 살고 있었어요. 그중 요령 지방에서 농사를 지으며 살아가는 한 무리가 있었는데, 그 우두머리가 환웅이었어요.

"나는 원래 하늘에 사는 신, 환인의 아들이었다. 환인은 저 하늘 위에서 인간 세상을 다스리고 계시지. 농사가 잘되고 못되는 것은 모두가 내 아버지, 환인의 뜻이니라."

환웅은 이렇게 말하곤 했지요.

하지만 다른 무리들은 환웅의 이런 말을 믿지 않았어요.

'쳇! 자기가 무슨 하느님의 아들이라고? 말도 안 돼.'

그러던 어느 날 다른 무리의 군장이 환웅을 찾아와 물었어요.

"그런데 환웅님은 어떻게 해서 인간 세상에 내려오게 되었나요?"

"나는 하늘에 살 때부터 곧잘 인간 세상을 내려다보곤 했었지. 그러다

보니 내가 직접 내려와서 하늘 밑의 세상을 다스리고 사람들을 편안하게 해 주고 싶어졌단다. 그래서 아버지께 허락을 받고서 인간 세상으로 내려온 거야."

환웅은 눈을 지그시 감고서 점잖게 설명했어요. 그러고는 그 군장을 데리고 태백산(지금의 묘향산) 마루에 있는 커다란 나무 앞으로 갔지요.

"보아라! 여기가 바로 내가 하늘에서 내려온 곳이란다."

군장이 나무를 올려다보니 그 나무는 정말로 하늘 꼭대기에 닿을 듯이 높고 곧게 자라 있었어요.

"내가 하늘에 있을 때 아버지께서 인간 세상을 내려다보시더니 이 산 근처가 사람들이 살기에 가장 적당한 곳이라고 하시더구나. 그래서 나를 이곳으로 내려보내신 것이지."

환웅의 말에 의심 많은 군장도 그만 고개를 끄떡거리며 집으로 돌아갔어요.

환웅의 부족은 태백산 마루에 있는 그 나무를 신단수라고 불렀어요. 그 나무 밑에 가서 소원을 빌면 무엇이든 이루어진다고 믿었지요.

그리고 얼마가 지난 후였어요. 한 달이 넘도록 태백산 근처에 비가 오지 않아 밭의 곡식들이 모두 말라 죽어 가고 먹을 물조차 구하기 어려울 지경이었지요.

사람들은 모두 환웅에게로 몰려갔어요.

"군장님, 이러다가는 우리 모두 굶어 죽고 말 겁니다. 군장님은 환인의 아들이니까 비가 내리게 할 수 있지 않습니까? 어서 비가 쏟아지도록 해 주십시오."

"내가 하늘에서 내려올 때 아버지께서 내게 천부인 3개를 주셨다. 이는 곧 내가 세상의 모든 것을 지배할 수 있다는 증표지. 사람이 태어나서 병들고 죽는 것은 물론이고 비, 바람, 구름은 모두 내 지배를 받느니라. 풍년이 들고 흉년이 드는 것도 다 내 뜻대로 되지."

환웅이 자신 있게 말하더니 곁에 있던 신하 중 한 사람을 불러 세웠어요.

"우사, 이리 나오너라. 너는 비를 다스리는 신하니 네가 비를 내리게 하도록 해라."

환웅의 곁에는 항상 세 명의 신하가 따라다녔어요. 풍백, 우사, 운사 이렇게 세 명의 신하는 각각 바람, 비, 구름을 다스리는 사람들이었어요.

우사는 환웅의 명령에 따라 곧 비가 오게 하는 제사를 지내기 시작했어요.

다른 사람들도 모두 경건한 마음으로 비를 내려 달라고 하늘에 빌었지요.

이튿날부터 정말로 하늘이 흐려지더니 비가 내리기 시작했어요. 그 이후로 사람들은 더욱더 환웅을 우러러보게 되었어요.

그즈음 여러 무리들은 서로 다투는 일이 많았어요. 다른 무리와 싸움을 해서 이기면 그 무리가 가지고 있던 땅을 빼앗아 농사를 지을 수 있었어요. 그뿐 아니라 사람들을 데려다 노예로 부려 먹을 수도 있었지요.

"나는 널리 세상을 이롭게 하려고 하늘에서 내려왔다. 하느님의 아들인 내가 주위의 여러 무리들을 아우르는 것이 곧 세상을 이롭게 하는 것이니라."

환웅도 이렇게 자기 무리를 부추겨 많은 싸움을 했어요.

환웅의 무리는 좋은 무기를 많이 가지고 있었기 때문에 손쉽게 이길 수 있었어요. 주변의 다른 무리들은 모두가 환웅의 무리를 두려워했지요.

환웅의 무리가 살던 태백산 부근에는 곰을 받들어 모시는 무리와 호랑이를 모시는 무리가 있었어요. 옛날 사람들이 가장 무서워하던 것 중에 하나는 사나운 동물들이었어요. 곰이나 호랑이같이 사나운 짐승이 나타나면 곡식을 모두 엉망으로 만들어 버리거나 꼼짝없이 잡아먹힐 수도 있었으니까요. 그래서 사람들은 힘세고 무서운 동물들을 신처럼 받들어 모시기도 했답니다.

환웅의 무리가 점점 힘이 세지자 두 무리는 걱정이 태산 같았어요. 싸움을 벌였다가는 영락없이 환웅의 무리에게 지고 말 테니까요. 그래서 두 무리의 우두머리들은 꾀를 내었어요.

"싸움을 해서 지는 것보다는 차라리 환웅의 무리로 들어가서 함께 살아가는 것이 좋겠어."

그래서 두 무리의 우두머리는 각각 환웅을 찾아가 머리를 조아리며 무리에서 함께 살 수 있도록 해 달라고 부탁을 했어요.

하지만 환웅이 보기에 호랑이 무리는 영 마음에 들지 않았어요.

"너희 무리는 너무 사납기만 하고 참을성이 없더구나. 아무래도 우리 무리에 들어와 함께 사는 것은 어렵겠다."

환웅은 호랑이 무리의 우두머리는 그냥 돌려보내고 곰 무리만 받아들이기로 했어요. 그때부터 곰 무리와 환웅의 무리는 하나의 무리를 이루었답니다. 이제 환웅의 무리는 훨씬 더 큰 무리가 되었지요.

어느 날 곰 무리의 군장이 말했어요.

"제게 딸이 하나 있는데 이제 나이가 차서 시집을 보내야 합니다. 마음씨 곱고 건강한 아이이니 환웅님께서 아내로 삼아 주시면 좋겠습니다."

환웅은 곧 곰 무리의 처녀와 결혼을 했어요. 환웅의 무리와 곰 무리가 하나 되는 뜻에서 두 무리의 남녀가 결혼을 한 것이지요. 곰 무리의 처녀는 얼마 지나지 않아서 사내아이를 낳았어요. 그 아이가 자라서 환웅의 뒤를 이어 무리의 군장이 되었지요. 그가 바로 단군왕검이랍니다.

단군왕검이 군장이 되었을 무렵에는 무리가 아주 커지고 질서가 잡혀서

우리 민족의 뿌리

조선이라는 나라를 이루게 되었어요. 단군 조선은 요령 지방을 중심으로 해서 한반도에 이르는 넓은 땅을 차지했어요.

단군은 사람들을 대표해서 하늘에 제사를 지내는 사람이라는 뜻이고, 왕검은 왕이라는 뜻이지요. 그러니까 단군왕검은 종교와 정치를 모두 맡아 하는 사람이었답니다. 이처럼 초기 국가에서는 종교와 정치가 구분되지 않았어요.

중국의 책에서도 단군 조선에 대한 기록을 찾아볼 수 있어요. 기록에 의하면 단군 조선에는 8조 법이라는 법이 있었다고 해요.

사람을 죽인 자는 사형에 처한다. 남을 다치게 한 자는 곡식으로 배상한다. 도둑질한 자는 그 집의 노예로 삼는다. 단, 노예를 면하고자 할 때는 돈을 내야 한다.

이런 조항들이 고조선의 법으로 전해져 오고 있어요. 이 법률 조항들은 단군 조선 사회의 모습을 그려보는 데 큰 도움이 되지요.

단군 조선은 청동기 시대에 건국되었고, 철기를 받아들이며 더욱 강력한 힘을 갖게 됐어요. 기원전 4세기경에는 중국의 연나라와 겨뤘다는 기록이 남아 있어요. 그러던 중 기원전 221년 여러 나라로 갈라져 있던 중국이 진나라로 통일되었고, 얼마 지나지 않아 진나라가 멸망하고 한나라가 세워졌어요. 한나라와 단군 조선의 관계는 편치 못했지요.

그즈음 단군 조선에서는 위만이 단군 왕조를 몰아내고 왕이 되었어요. 이때부터를 위만 조선이라고 부르지요. 위만 조선은 한나라가 동쪽으로 진출하는 것을 가로막고 있었어요. 결국 한나라의 왕, 무제는 기원전 109년 5만 명의 군대를 이끌고 위만 조선으로 쳐들어왔어요. 전쟁은 무척 오랫동안 치열하게 계속되었어요. 하지만 위만 조선의 지배층이 분열되면서 기원전 108년, 도읍인 왕검성이 한나라의 손에 넘어가고 말았어요.

위만 조선을 무너뜨린 한나라는 위만 조선의 일부 지역에 낙랑군, 진번군, 임둔군, 현도군이라는 한나라의 관청을 설치했어요. 한나라의 신하를 보내서 다스린 것이지요. 이것을 한사군이라고 해요.

단군왕검이 세운 단군 조선은 흔히 고조선이라고 불리는데, 고조선이라는 이름은 『삼국유사』를 쓴 일연이 제일 먼저 사용했어요. 『삼국유사』는 고려 시대에 펴낸 책으로 단군 신화를 비롯해 많은 전설과 신화가 실려 있어요. 일연은 단군 조선과 위만 조선을 구별하기 위해 고조선이라는 이름을 사용했던 거예요. 그러다가 훗날 이성계에 의해 조선이 건국되고부터는 단군 조선과 위만 조선을 합쳐서 고조선이라고 부르게 된 거지요.

"할아버지가 단군 신화를 나름대로 해석해 봤는데, 어떠니? 준호는 아직도 신단수를 찾고 싶니?"

"여기서는 못 찾을 것 같아요. 어른이 된 다음에 고조선의 옛 땅으로 가서 찾아볼게요."

할아버지가 묻자 준호는 그래도 아쉬운 듯 나무들을 둘러보며 대답했어요.

"허허! 그 녀석 고집 한번 세구나. 준호가 사학자가 돼서 열심히 연구하다 보면 또 새로운 사실을 알아낼 수 있을지도 모르지. 하지만 할아버지 생각에는 준호가 이미 신단수를 찾은 것 같구나."

"신단수를 찾았다고요? 도대체 어디 있는데요?"

할아버지의 말씀에 아이들은 모두 어리둥절했어요.

"민족이란 오랜 세월 동안 어울려 살면서 언어, 풍습, 종교, 정치, 경제 등을 함께 해 온 집단이란다. 즉, 같은 문화를 지닌 사람들이라는 뜻이지. 할아버지는 우리 민족의 문화 전체가 신단수라고 생각해. 단군 신화는 그 장대한 나무의 뿌리인 셈이고. 그러니 너희가 단군 신화를 알았다면 신단수는 이미 찾은 거나 마찬가지 아니겠니? 단군 신화가 곧 신단수이고, 단군 신화를 이어받은 너희들 마음속에 신단수가 있는 거지."

할아버지는 말씀을 마치고 자리에서 일어나셨어요. 현아는 할아버지 말씀을 알 듯도 하고 모를 듯도 했지만, 준호는 다 알아들은 것처럼 고개를 주억거렸어요.

활 잘 쏘는
주몽

:: 고구려의 건국

3월의 마지막 주 토요일이에요. 날씨가 제법 따뜻해져서 밖에 나와 노는 아이들이 많았어요. 준호와 현수도 농구를 하겠다고 몰려 나갔는데 30분도 지나지 않아서 씩씩거리며 집으로 돌아왔어요. 학교 운동장에 갔는데 중학교 형들이 농구대를 차지하고 안 내줘서 그냥 돌아왔다는 거였어요.

"우리 학교 운동장의 농구대니까 우리 학교 아이들이 사용하는 게 당연하잖아. 그걸 왜 뺏기고 그냥 와? 선생님한테 일러 버리지."

현아가 흥분해서 소리쳤어요.

"그게 말이야, 우리가 그 형들이랑 농구공 넣기 시합을 해서 졌거든. 그랬더니 그 형들이 이긴 사람들이 농구대를 차지하는 거니까 실력을 더 키워서 오라고 했어. 우리는 용맹한 고구려의 후손이니까 그래야 하는 거래."

준호가 힘없이 말했어요.

"어휴! 답답해. 중학생하고 초등학생이 시합하면 중학생이 이기는 게 당연하지. 거기서 고구려의 후손이란 말이 왜 나와?"

현아와 준호가 떠드는 동안 현수는 제 방에 들어가 책을 뒤지고 있었어요. 한참만에 현수가 양손에 책을 들고 나왔어요.

"할아버지, 할아버지! 고구려를 세운 주몽이 내기를 해서 남의 나라를 빼앗은 게 맞아요? 아무리 찾아봐도 그런 얘기는 안 나오는데……."

"아, 주몽이 남쪽으로 내려와 나라를 세우는 과정에 대한 이야기 말이구나. 고구려의 건국 과정에는 재미있는 이야기들이 많이 전해지고 있지."

할아버지는 아이들을 앞혀 놓고 고구려의 건국에 대한 이야기를 해 주셨어요.

기원전 2세기경 북만주의 평야 지대에는 부여라는 나라가 있었어요. 부여에서는 왕과 함께 귀족들이 나라를 다스렸는데, 이들은 마가, 우가, 저가, 구가 등 가축의 이름을 따서 불렀어요. 영토도 중앙은 왕이 직접 다스렸고, 지방은 넷으로 나누어 각각 귀족들이 다스렸지요.

기록으로 남아 있는 부여의 왕은 해부루가 처음이에요. 해부루는 도읍을 동쪽의 가섭원이라는 곳으로 옮겼고 이때부터를 동부여라고 부르지요. 이후 원래 부여의 도읍이 있던 자리에는 새로 북부여라는 나라가 세워졌어요. 북부여를 세운 사람은 해모수였어요.

"나는 하늘에 계신 신의 아들이니라. 내가 이곳에 와서 나라를 세우려 했기 때문에 내 아버지가 부여를 동쪽으로 쫓아내신 것이다."

해모수는 이렇게 큰소리를 쳤다고 하지요.

하지만 어쩐 일인지 이후 북부여가 어떻게 됐는지에 대해서는 기록을 찾아볼 수 없어요. 대신 해모수의 아이를 가진 여자가 한 명 등장하는데 그게 바로 유화예요. 유화는 강의 신인 하백의 딸인데, 부모 몰래 해모수와 결혼했다고 집에서 쫓겨났어요. 오갈 데 없는 유화를 구해 준 것은 해부루의 뒤를 이어 동부여의 왕이 된 금와였지요.

금와왕은 유화를 데려다 어두운 방에 가둬 뒀는데, 햇빛이 유화를 쫓아다니며 비추더니 아이를 갖게 되었어요. 임신을 한 것도 해괴한데 낳아 놓고 보니 아이가 아니라 커다란 알이었어요. 금와왕은 그 알이 기분 나쁘다고 하며 내다 버렸지요. 하지만 이상하게 짐승들도 그 알을 먹지 않고 오히려 보호해 주었고, 깨뜨리려 해도 깨지지 않았어요. 그래서 할 수 없이 유화에게 되돌려 주었더니 얼마 만에 알에서 아이가 나왔어요.

알에서 나온 아이는 어려서부터 활을 잘 쏴서 백발백중이었어요. 그래서 이름도 주몽이 되었지요. 옛날 부여에서는 활을 잘 쏘는 사람을 주몽이라고 불렀거든요. 부여에서는 활 쏘고 말 타는 것이 남자들의 가장 큰 일이었어요. 전쟁을 하든 사냥을 하든 말을 타고 활을 쏘는 것이 중요하니까요.

해마다 12월에는 부여에서 가장 큰 행사인 영고가 열려요. 하늘에 제사를 지내고 여러 가지 놀이를 하며 즐기는 이 행사에 사냥 대회가 빠질 수 없죠. 금와왕은 주몽의 활 솜씨가 워낙 뛰어나다는 것을 알고 있었기 때문에 사냥 대회 때 일부러 주몽에게만 화살을 적게 주었어요.

하지만 사냥이 끝나고 나서 보니 그래도 주몽이 잡아 온 짐승이 가장 많았어요. 왕자들과 신하들은 모두 깜짝 놀랐지요.

또 금와왕은 주몽에게 말을 기르는 일을 시켰어요. 처음 마구간에 가 본 주몽은 한눈에 좋은 말과 나쁜 말을 가려낼 수 있었지요. 그날부터 주몽은 좋은 말에게는 먹이를 조금만 주고 나쁜 말에게는 많이 주었어요.

"이 말은 아주 포동포동하게 살이 쪘구나. 무척 좋은 말인 모양이지? 그런데 이 말은 어째서 이렇게 말랐느냐? 아무래도 못 쓰겠구나. 이 말은 네가 갖도록 해라."

얼마 후 마구간에 나온 금와왕이 못 먹어서 비쩍 마른 말을 주몽에게 주었어요. 그때부터 주몽은 그 말에게 좋은 먹이를 주고 정성껏 돌보았지요. 그러자 금세 살이 올라 훌륭한 말이 되었어요.

금와왕은 이렇게 씩씩하고 똑똑한 주몽을 귀여워했지만 일곱 명이나 되는 금와왕의 아들들은 주몽을 시기하고 미워했어요. 그러던 어느 날 유화 부인이 왕자들의 방 앞을 지날 때였어요. 안에서 무언가 속삭이는 소리가 들리기에 유화 부인은 방문에 귀를 대고서 가만히 들어 보았지요.

"주몽은 활도 잘 쏘고 말도 잘 타서 따르는 자들이 많아. 이대로 두었다가는 우리들을 제치고 왕의 자리를 차지할지도 모른다고."

"그래. 잘못하다가는 왕자인 우리들이 주몽에게 밀려나고 말 거야. 아버지도 우리보다 주몽을 더 좋아하시잖아."

"우리 힘을 합해서 주몽을 죽여 버리자. 우리가 모두 한꺼번에 덤비면 아무리 활 잘 쏘고 꾀 많은 주몽이라도 당해 낼 수 없을 거야."

왕자들은 방 안에서 이런 말을 주고받았어요. 깜짝 놀란 유화 부인은 얼른 아들에게 달려갔어요.

"주몽아, 어서 피해라. 왕자들이 지금 너를 죽이려 하고 있다. 너는 지혜롭고 활 솜씨도 뛰어나니 어디 가서든 잘 살 수 있을 것이다. 그러니 지금 당장 이곳을 떠나거라."

주몽은 그 길로 자신을 따르는 몇몇 사람만을 데리고서 동부여를 떠났어요. 뒤쫓는 동부여의 왕자들을 피해 주몽이 도착한 곳은 비류수 부근의 졸본이라는 곳이었지요. 비류수는 압록강의 한 줄기인 동가강의 옛 이름이에요.

주몽은 졸본 부여 왕의 사위가 되었고, 이를 토대로 기원전 1세기경 새로 나라를 세웠어요. 나라의 이름은 고구려라고 하고 스스로 고씨 성을 사용했지요.

고구려를 세운 지 얼마 안 된 어느 날 주몽은 비류수에 채소 잎이 떠 내려오는 것을 발견했어요.

"채소를 다듬어 버린 걸 보면 상류에 사람들이 살고 있겠군."

이렇게 생각한 주몽은 사냥을 하면서 강 상류로 올라갔어요. 그곳에는 송양이 다스리는 비류국이 있었지요. 송양은 주몽이 새로 나라를 세운 인물이라는 것을 알아보았어요.

"보다시피 이곳은 두 나라를 세우기엔 땅이 너무 좁소. 그러니 도움을

정한 지 얼마 되지 않은 고구려가 우리 밑으로 들어오는 것이 어떻겠소?"

송양의 말에 화가 난 주몽은 곧 활쏘기 시합을 제안했어요. 결과는 물론 주몽의 승리였지요. 몇 차례의 시합 끝에 결국 송양은 주몽에게 항복할 수밖에 없었어요.

졸본 지역을 아우른 고구려는 곧 더 넓은 땅으로 눈을 돌렸어요. 주몽이 터를 잡은 졸본 지방은 산이 험해서 전쟁을 하기에는 좋은 곳이었지만 밭을 일굴 만한 땅이 없어 언제나 식량이 부족했거든요.

고구려는 밖으로 한사군과 부여에 맞서 싸우면서 안으로는 나라의 기초를 다져 갔어요. 주몽이 고구려를 건국할 당시는 부족들이 힘을 모으는 수준이었지만 차츰 왕의 힘이 커지고 단일한 국가 체계를 갖추어 갔지요.

1세기 태조왕 때에 이르러서는 고대 국가의 형태를 온전하게 갖추었고, 영토도 사방으로 넓혀 갔어요.

그즈음에 만주에는 한사군이 있었고, 한반도에는 작은 나라들이 여럿 있었어요. 한강 남쪽으로는 삼한이 있었고, 함경도와 강원도 북부의 동해안에는 옥저와 동예가 있었지요. 고구려는 현도군, 요동군, 낙랑군을 차례

로 공격해서 청천강 상류까지 진출했어요. 동쪽으로는 옥저와 동예를 정복해서 동해안까지 뻗어 갔고요.

"그러니까 고구려는 부여에서 갈라져 나온 한 세력이 남쪽으로 옮겨 와 세운 나라란다. 주몽은 아무것도 없는 빈 땅에 나라를 세운 것이 아니라 작은 나라들을 하나씩 합해서 규모를 키우는 한편 국가의 체계를 갖춰 갔단다. 송양과의 대결은 바로 그 과정을 보여 주는 거지. 송양의 비류국은 국가라기보다는 고구려 내부의 한 세력이었을 거고, 송양과의 대결에서 주몽이 이겼다는 것은 고구려 내부에서 주몽의 세력이 힘을 키워 갔다는 뜻이라고 보기도 해. 그런데 도대체 이 이야기와 농구대가 무슨 관계가 있다는 거니?"

이야기 끝에 할아버지가 물으셨어요.

"왜냐하면 중학교 형들이 바로 그 송양과 주몽의 대결을 이야기하면서 우리가 시합에서 졌으니까 이제 농구대는 자기들 것이라고 했거든요."

볼이 부은 현수가 대답했어요.

"허허! 그 형들이 역사 공부를 많이 한 모양이구나. 하지만 한 가지 모르는 게 있군. 주몽은 송양을 굴복시키고 나서 비류국을 고구려의 한 지방으로 삼고 송양에게 그곳의 우두머리 자리를 주었단다."

"네? 쫓아낸 게 아니고요?"

"그래. 힘으로 넓은 땅을 정복하는 것보다 더 어려운 건 그 땅을 지배하는 거야. 고구려는 용맹하게 전쟁을 해서 영토를 넓혔다는 점 때문에 우리 민족의 자랑이 되고 있지. 하지만 만약 고구려가 정복한 땅에 살던 사람들을 모두 쫓아내거나 죽여 없앴다면 아무리 넓은 땅을 차지했더라도 그 땅은 모두 황무지가 되어 버렸을 거야. 할아버지는 고구려가 전쟁을 잘했던 것보다는 오히려 정복한 영토와 그곳의 사람들을 다스릴 수 있는 능력을 갖춘 국가였다는 점이 더 자랑스럽단다. 너희는 어떠니?"

"저도요. 할아버지, 빨리 가서 그 형들한테 할아버지 말씀을 전해 줘야겠어요."

현수와 준호는 농구공을 들고 다시 학교 운동장으로 향했어요.

남쪽으로 내려온
고구려의 왕자들

:: **백제의 건국**

현아네 학교에서 장래 희망에 대해 적어 내게 했어요. 현아는 고민 고민하다가 준호에게 전화를 했어요.

"나도 지금 고민 중이야."

"그럼 우리 집에 와서 같이 숙제 하자."

잠시 후에 준호가 집에 도착했어요.

"오는 길에 내가 뭘 해야 할지 생각했어. 난 새로운 나라를 세우고 그 나라의 왕이 될 거야."

준호의 말에 현아는 기가 막혔어요. 아무리 엉뚱한 생각을 잘 하는 준호지만 이번엔 좀 너무하다 싶었지요.

"정말 그렇게 써 갈 거야? 다시 생각해 보는 게 어떨까?"

"왜 안 되는데? 우리나라엔 왕이 없으니까 그냥 왕이 되겠다고 하면 말이 안 되는 게 맞아. 하지만 내가 나라를 새로 세운다면 그 나라의 왕이 될 수도 있잖아? 주몽처럼 말이야."

현아의 만류에도 준호는 고집을 꺾지 않았어요.

"나라를 세우려면 영토가 있어야 해. 형은 땅 한 뼘도 없잖아?"

옆에서 듣고 있던 현수가 따지고 들었어요.

"그야 이다음에 돈 벌어서 사면 되지."

"영토만 있다고 나라가 된다면 땅 부자들은 모두 왕이 됐을 거야. 땅이 아무리 넓어도 그 땅에서 살 국민이 없다면 나라가 될 수 없잖아. 국민은 어디서 구할 건데?"

두 번째 질문에서부터 준호는 주춤거리기 시작했어요.

"어…… 그건 말이야. 그 땅에 사는 사람들이 있을 거 아니야. 그 사람들이 내 백성이 되는 거지."

"그 땅에서 산다고 해서 땅 주인의 백성이 된다는 게 말이 돼? 그 사람들이 왕의 말에 따라야 국민인 거지. 어떻게 해서 그 사람들을 형 말에 따르게 할 거냐고?"

"그거야……, 할아버지, 나라를 세운 왕들은 어떻게 했을까요? 그냥 나를 따르라고 해서 된 건 아니겠죠?"

준호가 할아버지께 도움을 청했어요.

"물론 그렇단다. 사람들은 석기 시대부터 무리를 지어 살아왔지만 그걸 국가라고 부르지는 않아. 국가는 단일한 통치 조직을 의미하거든. 그러니

남쪽으로 내려온 고구려의 왕자들 45

까 준호가 나라를 세워 왕이 되겠다고 한다면 그 나라 영토 전체와 거기 사는 사람들을 다스리기 위한 통치 조직을 갖춰야 해. 행정조직, 군대, 사법기관 같은 것 말이야. 그러려면 법도 만들어야 할 거고."

준호의 고민에 할아버지가 답을 해 주셨어요. 하지만 준호는 그 대답을 듣고 오히려 더 심각한 얼굴로 고민에 빠져들었지요.

"예를 들어 백제를 살펴보자. 백제는 고구려에서 내려온 두 왕자가 세운 나라라는 건 모두 알고 있겠지?"

"고구려의 왕자라고요? 고구려는 부여에서 달아난 주몽이 세웠고, 백제는 고구려에서 달아난 왕자가 세웠나요?"

"이렇게 무식한 4학년이 우리 누나라니, 정말 기가 막힐 일이야."

현아는 처음 듣는 이야기였지만 현수는 이미 다 알고 있는 눈치였어요.

"학교에서 아직 백제는 안 배웠는데……."

현아가 기어 들어가는 목소리로 겨우 대꾸했어요. 다행히 할아버지가 바로 말씀을 시작하셔서 현수의 핀잔을 더 듣지 않아도 됐지요.

고구려를 세운 주몽 앞에 어느 날 유리라는 아들이 나타났어요. 유리는 주몽이 부여에 두고 온 아들이었어요. 부여에서 주몽은 예씨 성을 가진 여자와 결혼을 했었거든요. 주몽이 부여에서 도망칠 때 예씨 부인의 배 속에서는 아기가 자라고 있었어요. 주몽은 아내를 부여에 남겨 두고 혼자 떠날 수밖에 없었지요. 헤어질 때 주몽은 아내에게 두 동강 낸 칼 한 도막을 보여 주었어요.

"이 칼의 나머지 한 도막은 일곱 모가 난 돌 위 소나무 아래에 묻어 두었소. 만약 사내아이를 낳거든 어른이 된 뒤 그 칼 조각을 찾아서 내게로 오라고 하시오. 그러면 칼을 맞춰 보고서 내 아들이라는 것을 확인할 수 있을 것이오."

주몽은 이렇게 말하고서 떠났어요.

그 후 예씨 부인은 아들을 낳았고, 유리라는 이름을 지어 주었어요. 유리는 아버지를 닮아 어려서부터 활쏘기를 좋아하고 장난이 심했어요. 유리가 자라자 예씨 부인은 아버지가 남기고 간 수수께끼를 전해 줬어요. 그날부터 유리는 일곱 모가 난 돌 위의 소나무를 찾으러 사방을 헤매고 다녔지만, 번번이 허탕만 쳤지요. 일곱 모가 난 돌도 눈에 띄지 않았고, 돌 위에 소나무가 자랄 리도 없으니까요.

그러던 어느 날 유리가 마루를 내려서려는 순간, 어디선가 이상한 소리가 들렸어요. 그 이상한 소리는 마루 밑 주춧돌에서 나고 있었어요. 그런데 가만히 보니 주춧돌은 일곱 모가 져 있지 않겠어요? 얼른 위를 올려다보니 주춧돌 위에는 소나무로 만든 기둥이 놓여 있었어요. 유리는 뛸 듯이 기뻐하며 기둥 아래 땅을 파 보았지요. 그랬더니 땅속에서 정말 칼 반쪽이 나왔어요.

유리는 그 길로 칼을 가지고 고구려로 갔어요. 유리가 가져간 칼 반쪽은 주몽이 가지고 있던 반쪽과 서로 꼭 들어맞아서 하나의 칼이 되었어요.

"네가 정말 내 맏아들이구나."

주몽은 기뻐하면서 유리를 태자로 삼았어요.

그러자 주몽이 고구려에 와서 낳은 두 아들, 온조와 비류는 더럭 겁이 났어요.

"아버지는 정말 너무하셔. 유리 형을 태자로 삼으면 우리는 어떻게 되는 거지?"

"유리 형은 우리와 어머니가 다른 형제잖아. 그러니 이제 아버지가 돌아가시고 형이 왕이 되면 우리를 해치려 할지도 몰라."

"그래. 여기 있다가는 찬밥 신세밖에 안 될 거야. 그러니 어서 고구려를 떠나자."

비류와 온조는 곧 신하들 몇을 데리고 남쪽을 향해 떠났어요.

"왕자님들이 남쪽으로 내려가 새로 나라를 세운대요. 남쪽은 땅이 기름져서 살기가 좋다던데 우리도 따라갑시다."

고구려의 백성 중에는 이렇게 온조와 비류를 따라나서는 사람들이 많았지요. 비류와 온조는 이들을 이끌고 남쪽으로 내려와 삼각산에 올랐어요.

"여기서 내려다보니 멀리까지 훤히 보이는군. 어디를 도읍으로 정하고 살지 정해 보도록 합시다."

비류와 온조는 사방을 두리번거리면서 살기 좋은 땅을 찾았어요.

"저기 바닷가가 좋을 것 같소. 저곳으로 가서 나라를 세웁시다."

비류가 먼저 말했어요.

"왕자님, 그곳보다는 저기 한강 남쪽의 하남 지방이 좋을 것 같습니다. 북쪽으로는 한강이 흐르고 동쪽으로는 높은 산이 가로막고 있지 않습니까? 또 남쪽으로는 기름진 들판이 펼쳐져 있고, 서쪽으로는 바다가 가깝습니다. 그러니 저곳은 하늘이 내려주신 땅입니다. 더 바랄 것이 없지요."

신하들이 말렸지만 비류는 말을 듣지 않았어요.

"나는 미추홀(지금의 인천)로 가서 나라를 세우겠네. 여기 남고 싶은 사람들은 남아서 따로 나라를 세우게."

이렇게 해서 비류는 서쪽으로 떠나고 온조는 하남으로 갔어요.

오래전부터 한강 남쪽 지방에는 진국이라는 나라가 있었어요. 고조선이 망하고 고조선 사람들이 남쪽으로 밀려 내려오자 진국은 다시 세 나라로 갈라졌어요. 마한, 진한, 변한의 삼한이 그것이지요. 온조가 자리 잡은 곳은 삼한 중 마한 땅이었어요.

온조는 기원을 전후한 시기에 하남의 위례성에 도읍을 정하고 나라의 이름을 십제라고 했어요. 십제는 열 명의 신하가 왕을 돕고 있다는 뜻이지요.

그 후 얼마 지나지 않아 비류를 따라 미추홀로 갔던 백성들이 하나둘씩 십제로 찾아왔어요.

"미추홀은 사람이 살 만한 곳이 못 됩니다. 땅에는 습기가 차고 물맛은 짜서 살 수가 없어요."

그즈음 비류는 신하들의 말을 듣지 않고 미추홀로 간 것을 후회하며 죽고 말았어요. 그러자 그의 백성들은 모두 하남으로 돌아왔어요. 이렇게 십제라는 나라에 비류의 백성들이 합해져서 백제가 된 거예요. 또 온조의 아버지 주몽이 원래 부여 사람이기 때문에 백제의 뿌리는 부여에 있다는 뜻에서 왕의 성은 부여라고 했어요.

처음에는 백제도 마한에 속해 있던 여러 작은 나라 중에 하나일 뿐이었어요. 그러던 것이 차츰 이웃 나라들을 아우르며 큰 나라로 발전해 갔어요. 비류가 죽고서 미추홀의 백성들이 온조에게 왔다는 것은 바로 인천 지역이 백제의 땅이 되었다는 뜻이에요. 이렇게 해서 백제는 뱃길의 중심지인 인천을 차지하게 되었지요.

"나라를 세운다는 것은 하루아침에 할 수 있는 일도 아니고 혼자서 할 수 있는 일도 아니란다. 비류와 온조가 남쪽으로 내려갈 때 많은 신하들과 백성들이 따라갔듯이 이들은 무리를 지어 이동한 것이고, 모두 함께 새로운 나라를 만든 거야. 그 과정에서 원래 그 지역에 살던 사람들도 백제의 백성으로 흡수했겠지."

"그곳에는 이미 마한이라는 나라가 있었다는데 어떻게 해서 백제를 새로 세울 수 있었을까요? 전쟁을 했던 건가요?"

이야기를 듣고 난 현수가 물었어요.

"글쎄. 기록이 남아 있지 않으니 자세한 내용은 알 수 없지. 하지만 삼한은 고구려나 백제와 같은 국가와는 성격이 달랐어. 나라라고는 하지만 사실상 근처의 부족들이 서로 힘을 합하는 정도에 불과했지. 삼한에 포함되는 작은 나라들은 50여 개나 됐는데 이들의 규모는 아주 작았어. 백제는 삼한 사람들보다 발달된 문명을 갖고 옮겨 온 무리였기 때문에 발전이 빨랐을 거야."

할아버지가 대답해 주셨어요. 그러자 여전히 심각한 얼굴로 듣고 있던 준호가 물었어요.

"결국 비류는 나라를 세우는 데 실패했고, 온조는 성공해서 왕이 된 거네요. 비류처럼 실패하지 않으려면 나라를 세울 때 좋은 자리를 찾아야 할 것 같아요. 그리고 나를 따를 신하들도 있어야 하고요. 또 뭘 준비해야 성공적으로 나라를 세울 수 있을까요?"

"온조가 백제를 세웠다고는 하지만 온조 시대에 나라의 꼴을 다 갖췄던 건 아니야. 백제가 고대 국가의 기틀을 마련한 것은 고이왕 때였지. 고이왕은 관리들의 직급을 정하고 법을 만들었단다. 그리고 나라의 중요한 일을 결정하는 회의 제도를 만들기도 했고. 이런 것들이 모두 갖추어졌을 때 비로소 국가라고 할 수 있는 거니까 그런 의미에서 백제의 실질적인 시조는 고이왕이라고 할 수도 있지."

할아버지의 대답을 진지하게 듣고 있던 준호가 한숨을 푹 내쉬었어요.

"휴~ 나라를 만들려면 해야 할 일이 정말 많네요. 공부해야 할 것도 아주 많을 것 같아요."

"그럼 형은 왕이 되는 게 쉬울 줄 알았어? 이제 그만 포기하고 다른 장래희망을 찾아보는 게 어때?"

현수의 말에 준호와 현아는 잊고 있던 숙제 걱정으로 돌아가서 다시 이 궁리 저 궁리를 하기 시작했어요.

알에서 태어나
나라를 세우다

:: 신라의 건국

오늘은 할아버지 생신날이에요. 생신을 축하하기 위해 현아네 가족들이 모두 모여서 저녁을 먹었어요. 작은 아버지네 식구들과 고모네 식구들도 모두 함께 모였어요. 이런저런 이야기로 웃음꽃이 피는데 준호만 혼자 심각한 얼굴을 하고 있었어요.

"할아버지, 왜 저는 김씨죠? 저는 아빠의 아들이기만 한 게 아니라 엄마의 아들이기도 하잖아요. 그러니까 이제부터 아빠 성과 엄마 성을 모두 써서 김박준호라고 하는 게 좋겠어요."

준호가 갑자기 이렇게 말하자 어른들은 모두 당황하셨어요.

"요즘은 그렇게 부모의 성을 함께 사용하는 경우도 있지. 네가 원한다면 그렇게 할 수도 있지만 좀 더 생각해 보고 신중하게 결정하는 게 좋겠구나."

한참만에 준호의 아버지, 그러니까 현아의 고모부가 말씀하셨어요.

"그럼 난 박최현아가 되는 건가? 이상하다! 난 박씨가 더 좋아요. 그냥 박현아로 살래요."

"그럼 현아는 네가 무슨 박씨인지 아니? 본이 어딘지 아느냔 말이야?"

할아버지가 물으셨어요. 현아는 언젠가 들은 것 같기는 했지만 잘 기억이 나지 않았어요.

"밀양 박씨요."

현수가 대신 대답했어요.

"그래. 우리 집안은 밀양 박씨야. 그럼 너희들 밀양 박씨의 시조가 누군지는 아니?"

할아버지가 다시 묻자 현아뿐 아니라 현수도 대답을 하지 못했어요.

"요즘이야 가문을 따지는 세상이 아니니까 모를 수도 있지. 하지만 박씨의 시조가 박혁거세라는 것쯤은 알아두렴. 박씨라는 성을 사용한 제일 첫 번째 조상이 박혁거세라는 거야. 박씨는 모두가 한 조상으로부터 이어져 오고 있지."

"신라를 세운 박혁거세 말이에요?"

현수가 눈이 동그래져서 물었어요.

"그래. 잘 알고 있구나. 신라의 건국 신화에는 박씨뿐만 아니라 김씨, 석씨의 시조에 대한 이야기도 얽혀 있단다."

할아버지는 신라의 건국과 세 성씨에 대한 이야기를 시작하셨어요.

삼한의 하나인 진한은 지금의 대구, 경북 지역에 자리 잡고 있었어요. 진한은 하나의 나라가 아니라 열두 개의 작은 나라들이 서로 돕는 정도였지요. 그중에 하나인 사로국은 경주 지방에 있었는데, 신라는 바로 이 사로국에서 출발했어요.

사로국은 아직 왕을 세우지 못한 채 여섯 개의 마을로 나뉘어 있었어요. 각각의 마을에는 족장이 있고, 이들이 모여서 나라의 중요한 일을 결정했지요. 그중 고허촌의 우두머리는 소벌공이었어요.

어느 날 소벌공이 우물 앞을 지날 때였어요. 우물 옆의 숲 속에서 말 울음소리가 들렸어요. 소벌공은 하도 이상해서 숲을 들여다보았지요. 그랬더니 흰 말 한 마리가 무릎을 꿇고 앉아서 울고 있는 것이 아니겠어요?

"허, 참 이상한 일도 다 있구나. 말이라는 동물은 본래 잠을 잘 때도 서서 자는데 무릎을 꿇고 울고 있으니 이게 도대체 웬일일까?"

이렇게 중얼거리며 숲 속으로 들어가 보니 말은 온데간데없이 사라져 버리고 그 자리에 큰 알 하나가 있었어요.

"아니, 이게 무슨 알일까? 알치고는 참 크기도 하군. 꼭 박만 하구나."

알은 정말 박처럼 크고 둥글었어요. 소벌공은 알을 이리저리 살펴보다가 결국 깨뜨려 보기로 했어요. 조심스럽게 알을 깨뜨리고 보니 그 안에는 잘생긴 사내아이가 들어 있었어요.

"이 아이는 평범한 아이가 아닌 것 같구나. 장차 큰 인물이 될 거야."

소벌공은 그 아이를 데려다 키우기로 했어요. 아이는 총명하고 튼튼하게 자랐어요. 아이가 박처럼 생긴 알에서 태어났다고 해서 성을 박(朴)으로 정했지요. 그가 바로 신라를 세운 박혁거세랍니다.

아이가 자라서 열세 살이 되었을 때, 사로국의 여러 촌락 대표들은 모여서 그를 왕으로 모셨어요. 박혁거세는 나라의 이름을 서라벌이라고 지었어요.

한편, 옛날 경주에는 알영정이라는 우물이 하나 있었어요. 어느 날 한 할머니가 우물에서 물을 긷고 있는데 갑자기 우물 안에서 커다란 용이 한 마리 나타났어요. 할머니는 깜짝 놀라서 뒤로 물러났지요. 누런 용은 오른쪽 갈빗대에서 무언가를 꺼내 놓고서 곧 다시 우물 속으로 사라져 버렸어요.

할머니가 정신을 차리고 보니 그것은 여자아이였어요. 그런데 그 아이의 입술에는 닭의 부리 같은 것이 달려 있었어요. 사람들은 아이를 북쪽의 시냇가로 데리고 가 냇물로 씻겼어요. 그랬더니 닭의 부리는 감쪽같이 없어지고 나무랄 데 없이 예쁜 얼굴이 드러났지요. 할머니는 그 아이를 데려다 키우기로 했어요.

"너는 알영정에서 태어났으니까 이름을 알영이라고 하자."

할머니는 아이에게 알영이라는 이름을 지어 주었어요.

아이는 자라서 박혁거세의 왕비가 되었어요.

박혁거세의 뒤를 이은 것은 그의 아들인 남해왕이었어요. 남해왕 시대에 아진포(지금의 영일) 앞바다에 자그마한 상자가 하나 떠밀려 왔어요. 더욱 괴이한 것은 까치 한 마리가 그 상자를 따라 날고 있었던 것이에요. 마치 까치가 그 상자를 지켜 주는 것만 같았어요. 때마침 바닷가를 지나던 할머니가 그 상자를 주워서 열어 봤더니 안에는 한 아이가 누워 있지 않겠어요? 할머니는 그 아이를 데려가 키우기로 했답니다.

"얘야, 까치 한 마리가 네 상자를 따라다녔으니, 너는 성을 석(昔)으로 해라. 그리고 상자를 풀고 나왔으니 이름은 탈해(脫解)라고 하자."

할머니는 아이에게 석씨 성을 붙여 주었어요. 까치 작(鵲) 자의 한쪽을 따서 부친 거예요.

석탈해는 원래 일본 동북쪽으로 천 리쯤 되는 곳에 있는 용성국이라는 나라 사람이에요. 그 나라의 왕비는 아이가 없어 7년 동안이나 기도를 한 뒤 겨우겨우 임신을 했어요. 그런데 낳아 놓고 보니 그것은 아이가 아니라 커다란 알이었어요. 왕은 불길하다며 알을 내다 버리라고 했어요. 하지만 왕비는 자기가 낳은 알을 그냥 내버릴 수 없었지요. 왕비는 왕 몰래 알을 비단에 곱게 싸서 커다란 상자에 넣어 바다 위에 띄웠어요. 그 상자가 파도에 쓸려 도착한 곳이 바로 아진포였던 거죠.

석탈해는 총명한 청년으로 자라서 남해왕의 사위가 되었고, 얼마 후 신라 네 번째 왕의 자리에 올랐답니다.

탈해왕이 어느 날 밤에 잠을 이루지 못하고 앉아 있는데 어디선가 닭 울음소리가 들렸어요.

"날이 새려면 아직 멀었는데 어디서 닭이 우는 것일까? 여봐라, 가서 살펴보고 오너라."

탈해왕은 이상하게 생각하고 곧 사람을 보냈지요.

닭 울음소리는 시림이라는 숲 속에서 들렸어요. 사람들이 시림에 가 보니 나뭇가지에 금으로 만든 상자가 걸려 있고, 그 밑에서 흰 닭이 울고 있었어요.

금 상자를 열어 보니 상자 안에서 사내아이 하나가 나왔어요.

"이 아이는 분명, 하늘이 내게 보내신 아이일 것이다."

탈해왕은 기뻐하면서 아이를 데려다 키우기로 했어요.

"너는 금(金) 상자 안에서 나왔으니 성을 김(金)으로 하자. 그리고 이름은 알지라고 하는 게 좋겠다."

탈해왕은 아이에게 김알지라는 이름을 지어 주었지요.

그리고 그 이후로 아이가 발견된 시림을 계림이라고 부르게 했어요. 닭이 울고 있었기 때문이지요. 나라의 이름도 계림이라고 바꿨고요.

이렇게 세 성씨에 대한 이야기가 신라의 건국을 둘러싸고 전해지고 있어요. 처음에 신라는 박, 석, 김 3개 성씨의 부족들이 연합한 나라였어요. 그러니까 왕도 각 부족에서 번갈아 가며 나왔던 거지요.

나라를 세운 뒤 신라는 곧 주변의 작은 나라를 아우르기 시작했어요. 이서국 정복을 시작으로 탈해왕 때는 우시산국, 거칠산국을 차지했지요. 얼마 가지 않아 신라는 경북 지방 일대를 모두 차지한 규모 있는 국가로 성장했어요.

"옛날 사람들은 스스로 자기 성을 정했나 봐요. 우리도 그러면 안 돼요?"

할아버지의 말씀을 듣고 난 현아가 물었어요.

"어유, 답답해라. 그때는 성이 처음 만들어질 때니까 자기 성을 정했지만 지금은 태어날 때부터 성을 이미 갖고 있잖아. 각자 마음에 드는 걸로 다시 바꾸자고?"

"바꿀 수도 있잖아? 왜 안 되는데?"

현수가 말하자 준호가 따지고 들었어요.

"성씨는 중국에서 시작돼서 우리나라에 전해진 거야. 삼국 시대에는 주로 왕족이나 귀족들만 사용했었고, 보통 사람들도 모두 성을 사용하기 시작한 것은 고려 중엽에 이르러서란다. 물론 성씨도 맨 처음 누군가가 정한 것이지. 하지만 각자 자기 마음에 드는 성을 정한다면 이름과 다를 것이 없지 않겠니? 내가 어디서부터 비롯되었으며, 또 어디로 이어질 것인지를 알려 주는 게 성씨거든. 나는 이 세상에 오직 하나뿐이지만 이런 내가 있기까지는 긴 세월 동안 피를 나누고 이어 온 조상들이 있었던 거야. 또 앞으로 내 피를 이어 갈 후손들도 존재할 거고. 그렇기 때문에 우리 모두는 자신에 대해서 더 자부심을 가질 수도 있고, 자기 삶에 대해 좀 더 책임감을 가질 필요도 있는 거지. 이런 것이 성씨가 갖는 의미일 거야."

"그러니까 할아버지는 아빠 성, 엄마 성을 함께 쓰는 데 찬성하지 않으시는 건가요?"

할아버지의 설명을 듣고 나서 준호가 다시 물었어요.

"성씨의 의미만 잊지 않는다면 아버지 성을 따르느냐, 어머니 성을 따르느냐는 별로 중요한 문제가 아니라는 게 할아버지 생각이란다. 그러니까 이제 얘기는 그만하고 밥을 마저 먹도록 하자. 김박준호 밥그릇은 아직도 그대로구나."

할아버지가 말씀하셨어요.

거북아 거북아
머리를 내밀어라

∷ 가야

"할아버지, 할아버지, 제가 엄청난 발견을 한 것 같아요."

일요일 아침부터 준호가 책 한 권을 손에 들고 뛰어 들어왔어요.

"도대체 무슨 발견을 했는데?"

할아버지보다 현수가 먼저 물었어요.

"고구려의 동명성왕, 신라의 박혁거세, 김알지 모두 알에서 태어났다고 했잖아? 그 사람들이 어떻게 해서 알에서 태어났는지를 알아낸 것 같아."

"이건 신화에 대한 책이 아니라 진화에 대한 책이잖아?"

현수가 준호 손의 책을 빼앗아 들여다보며 다시 물었어요.

"신화는 뭐고, 진화는 뭐야? 그 사람들이 형제야?"

"누나는 어차피 못 알아들을 얘기니까 그냥 잠이나 자."

늦잠을 자던 현아가 하품을 하며 내다보자 현수가 핀잔을 줬어요.

"할아버지, 이 책에 생물의 진화에 대한 이야기가 나오거든요. 여기 보세요. 동물은 어류에서 양서류, 파충류로 진화하고 육지로 올라와서 조류, 포유류로 진화했대요. 사람은 포유류잖아요? 그러니까 신화에 사람이 알에서 태어났다는 얘기가 나오는 건 진화가 채 끝나지 않은 상태에서 가끔 알에서 태어나는 인간도 있었다는 뜻이 아닐까요?"

준호가 아주 진지하게 말했어요.

"형은 지금 뭔가 굉장히 헷갈리는 것 같아. 박혁거세가 알에서 태어났다고 하는 때는 지금으로부터 약 2,000년 전이야. 그리고 파충류에서 포유류로 진화가 시작된 시기는 중생대로 보는데, 중생대는 지금으로부터 약 2억 2,500만 년 전부터 시작돼서 6,500만 년 전까지 계속 돼."

"으악! 무슨 말인지 하나도 못 알아듣겠어."

현수의 입에서 어마어마하게 큰 숫자들이 쏟아져 나오자 준호가 비명을 질러 댔어요.

"그러니까 현수가 하는 말은 진화를 통해 포유류가 생겨난 뒤 엄청나게 긴 시간이 지난 다음에야 고구려니 신라니 하는 나라가 세워졌다는 거야. 그러니까 준호처럼 신화의 내용과 진화를 연결시켜 생각할 수는 없다는 거지."

할아버지가 설명해 주셨어요.

"그럼 옛날 사람들은 도대체 왜 사람이 알에서 태어났다는 거짓말을 한 거예요?"

"왕이나 왕비처럼 뛰어난 인물이 알에서 태어났다는 얘기는 우리나라뿐만 아니라 다른 민족의 신화에도 많이 등장한단다. 그건 이런 사람들이 보통 사람들과는 다른 특별한 존재라는 걸 드러내기 위해서지. 태어날 때부터 남달랐으니 믿고 따르라는 의미일 거야."

준호의 질문에 할아버지가 대답해 주셨어요.

"그러니까 신화는 진짜 있었던 일을 기록한 것이 아니라 동화처럼 꾸며낸 이야기일 뿐이라고."

옆에서 현수가 거들었어요. 하지만 할아버지는 어째서인지 고개를 흔들어 보이셨죠.

"그렇지 않단다. 신화가 그대로 역사적 사실의 기록이 아니라는 건 맞아. 하지만 건국 신화는 역사와 밀접하게 연관되어 있기 때문에 완전히 지어낸 얘기라고만 볼 수도 없지. 너희들 혹시 가야의 신화를 아니? 가야의 시조인 김수로왕도 알에서 태어났다고 해. 김수로왕 신화를 들려줄 테니 이 신화가 의미하는 바가 무엇인지 한번 생각해 보렴."

낙동강 하류의 변한 지역에는 여러 부족이 흩어져 살고 있었어요. 중요한 일이 있을 때면 부족장들이 함께 모여 결정하기도 했지만, 아직 국가의 형태를 갖추지 못했어요.

기원을 전후한 시기의 어느 날 부족장들이 사람들을 이끌고 구지산에 올라가 하늘에 제사 지낼 준비를 하고 있었어요.

그때 누군가가 말했어요.

"저 소리를 들어 보세요. 이상한 소리가 나지 않나요?"

사람들이 그 말을 듣고 귀를 기울여 보니 정말로 어디선가 귀에 선 목소리가 들렸어요.

"거기 누구 있느냐?"

그 소리가 물었어요.

"우리가 여기 있습니다."

부족장들은 깜짝 놀라 얼른 대답했어요.

"여기가 어디냐?"

다시 묻는 소리가 들렸어요.

"여기는 구지입니다."

부족장들이 대답하자 이어서 그 이상한 소리가 명령했어요.

"하늘이 내게 이곳에 나라를 세우고 왕이 되라 하셨다. 이 산꼭대기의 땅을 파면서 노래하고 춤을 추어라. 그러면 왕을 맞게 될 것이다."

거북아, 거북아, 머리를 내밀어라.

내밀지 않으면 구워 먹겠다.

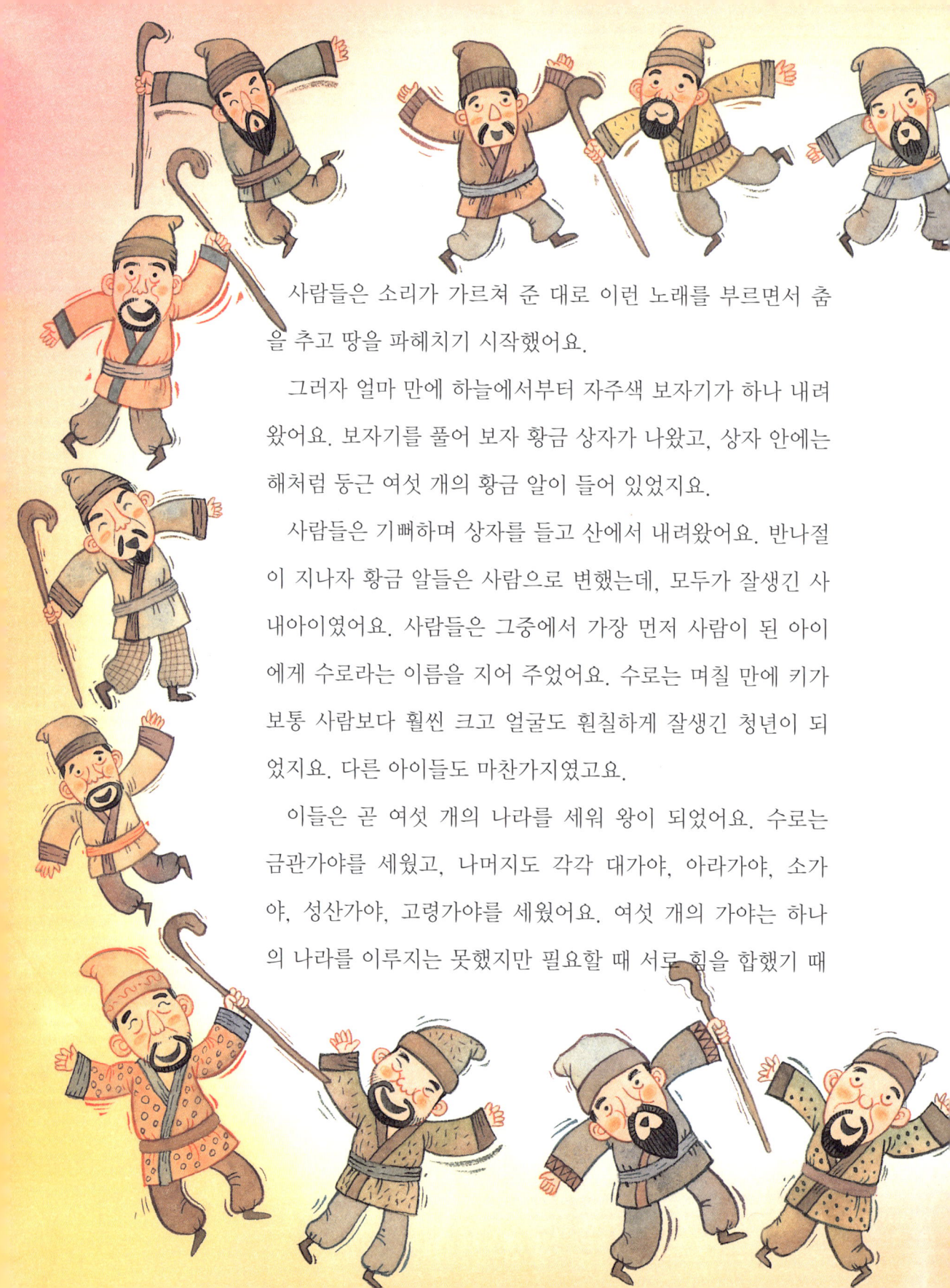

　사람들은 소리가 가르쳐 준 대로 이런 노래를 부르면서 춤을 추고 땅을 파헤치기 시작했어요.

　그러자 얼마 만에 하늘에서부터 자주색 보자기가 하나 내려왔어요. 보자기를 풀어 보자 황금 상자가 나왔고, 상자 안에는 해처럼 둥근 여섯 개의 황금 알이 들어 있었지요.

　사람들은 기뻐하며 상자를 들고 산에서 내려왔어요. 반나절이 지나자 황금 알들은 사람으로 변했는데, 모두가 잘생긴 사내아이였어요. 사람들은 그중에서 가장 먼저 사람이 된 아이에게 수로라는 이름을 지어 주었어요. 수로는 며칠 만에 키가 보통 사람보다 훨씬 크고 얼굴도 훤칠하게 잘생긴 청년이 되었지요. 다른 아이들도 마찬가지였고요.

　이들은 곧 여섯 개의 나라를 세워 왕이 되었어요. 수로는 금관가야를 세웠고, 나머지도 각각 대가야, 아라가야, 소가야, 성산가야, 고령가야를 세웠어요. 여섯 개의 가야는 하나의 나라를 이루지는 못했지만 필요할 때 서로 힘을 합했기 때

문에 가야 연맹이라고 불러요. 초기 가야 연맹의 중심은 물론 금관가야였지요.

가야 사람들은 농사를 주로 지었지만 그밖에 다른 일도 많이 했어요. 철이 많이 나는 지역이었기 때문에 철을 캐서 다른 나라에 팔기도 했고, 또 다른 나라와 장사를 해서 이득을 얻기도 했지요.

특히 낙동강 하류에 있었던 금관가야는 배를 타고서 중국 땅에 있던 여러 나라와 일본 땅의 여러 나라를 오가며 장사를 했어요. 이 나라의 물건을 사다가 저 나라에 파는 식이었지요. 그러면서 발달된 문화를 다른 지역에 전해 주는 역할도 했답니다.

수로왕이 나라를 세운 지 7년이 되자 신하들은 왕에게 어서 왕비를 정하라고 졸랐어요. 그러나 수로왕은 어떤 신붓감에게도 관심을 두지 않았어요.

"내가 이 땅에 내려온 것은 하늘의 뜻이니 왕비 또한 하늘이 주실 것이오."

왕은 이렇게 말하며 신하 한 명을 망산도로 보냈어요. 망산도는 경남 진해 앞바다에 있는 작은 섬이에요. 신하는 빠른 말을 타고 그곳으로 갔어요. 하지만 눈에 보이는 것이라고는 바다뿐이었지요. 그런데 얼마를 기다리자 서남쪽 바다에 배가 한 척 나타났어요. 붉은 돛에 붉은 깃발을 단 돌로 만든 배였지요. 신하는 얼른 횃불을 들어 올렸어요. 그러자 배는 서서히 망산도로 들어와 멈췄어요.

배 안에는 어여쁜 여자 한 명과 뱃사공들이 타고 있었어요.

이 소식을 들은 수로왕은 곧 신하들을 보내서 여자를 궁궐로 모셔오게 했어요. 그런데 수로왕의 신하들이 여자를 데려가려 하자 여자는 이렇게 말했답니다.

"나는 너희들을 모르는데 어떻게 함부로 따라갈 수 있겠느냐?"

하는 수 없이 수로왕이 직접 나가서 여자를 맞아야 했지요.

수로왕을 보자 여자는 자기소개를 했어요.

"저는 아유타국의 공주입니다. 성은 허씨이고 이름은 황옥이지요."

수로왕은 곧 아유타국의 공주를 궁궐로 데려다 아내로 삼았답니다.

금관가야가 이렇게 발전하고 있을 무렵, 고구려, 백제, 신라의 삼국이 각각 자리를 잡고서 영토를 넓히기 위한 싸움을 했어요. 그러자 곧 가야도 삼국의 전쟁에 휘말려 들었지요. 특히 백제와 신라는 서로 가야를 차지하려 들었어요.

가야는 삼국에 비해 힘이 약했기 때문에 이리저리 시달리기만 했어요.

그러는 중에 금관가야는 차츰 힘을 잃었고, 5세기경에는 대가야가 가야 연맹의 중심이 되었어요. 대가야는 그래도 전쟁의 피해를 덜 받았으니까요. 하지만 그 이후에도 가야는 계속 삼국의 침략을 받아 오래 버티지 못했어요.

562년, 대가야는 결국 신라에게 멸망당하고 말았어요. 대가야가 무너지자 다른 가야들도 잇따라 망하고 말았지요. 이렇게 해서 약 500년 동안 이어졌던 가야의 역사는 끝나고 말았어요.

하지만 가야의 문화는 신라에 흡수되어 이어져 왔어요. 신라는 가야의 왕족들을 신라의 귀족으로 받아들였어요. 삼국 통일에 큰 공을 세운 김유신 장군도 이렇게 해서 신라의 귀족이 된 가야 왕족이었어요. 또 가야의 악기인 가야금도 이때 신라로 전해졌어요. 가야금은 우륵이라는 음악가가 만든 것이지요. 우륵은 가야금과 함께 가야의 음악을 신라에 전해 주었답니다.

"한 사람도 아니고 여섯 명씩이나 한꺼번에 알에서 태어났다니, 말도 안 돼요."

이야기를 듣고 난 현수가 투덜거렸어요.

"말이 안 된다고만 생각하지 말고, 이 신화 속에 숨어 있는 뜻을 살펴봐야지. 알에서 태어났다는 사람들은 다른 곳에서 옮겨 온 집단을 뜻할 거야. 당시 낙동강 하류 지역에 살던 부족들보다 앞선 문명을 가진 사람들이 이곳으로 옮겨 와 지배 집단이 되는 과정을 보여 주는 거지."

"그럼 왕비가 아유타국에서 왔다는 것은 무슨 의미예요?"

이번에는 준호가 물었어요.

"기록에는 아유타국이 인도의 한 왕국이라고 쓰여 있지. 많은 학자들이 허황옥이 정말로 인도에서 왔는지, 그렇다면 아유타국은 인도 어디에 있던 나라인지, 어떻게 해서 가야까지 오게 됐는지 등을 알아내려고 애써 왔어. 그중에는 정말 인도에서 왔다고 주장하는 사람도 있고 다른 나라일 거라는 의견을 내는 사람도 있단다. 수로왕의 신화를 단지 재미있는 이야기로만 생각하지 않고 그 속에 담겨 있는 역사를 밝히려는 호기심과 진지한 자세가 있었기 때문에 이런 연구가 진행되는 거야. 그러면서 수수께끼 같은 역사의 비밀도 하나씩 밝혀지는 거고."

"괜히 호들갑을 떨어 일요일 아침에 늦잠도 못 잤잖아."

할아버지 말씀이 끝나자 현아는 다시 이불 속으로 기어 들어갔어요.

한강을 차지하라!

:: 삼국의 경쟁과 발전

주말에 현아와 준호네 식구들은 모두 큰할아버지 칠순 잔치에 참석하러 시골에 내려갔어요. 돌아오는 길에 고속도로가 막혀서 무척 고생을 했지요. 공사를 하는 곳이 있어서 길이 더 심하게 막혔어요.

"사람들이 모두 자동차 대신 배를 타고 다니면 어떨까요? 강은 여기저기 흘러 다니니까 그냥 그 강을 따라서 배를 타고 다니는 거예요. 그러면 길을 따로 만들거나 고치는 공사를 할 필요도 없잖아요."

"강에서는 유람선이나 타는 거지 그걸로 어떻게 자동차를 대신하니?"

준호의 말에 현아는 코웃음을 쳤어요. 하지만 할아버지는 의외로 다른 말씀을 하셨어요.

"철도나 자동차가 생기기 전에는 강이 중요한 교통로였단다. 특히 큰 짐을 싣고 움직일 때는 배만큼 요긴한 게 없었지. 그래서 오랜 옛날부터 한강 유역의 땅을 차지하려고 여러 나라가 서로 경쟁했던 거란다."

차 안에 갇혀 답답해하는 아이들을 위해 할아버지는 한강 유역을 차지하려는 고구려, 백제, 신라의 싸움에 대해 이야기해 주셨어요.

한강 유역의 첫 번째 주인은 백제였어요. 백제는 기원을 전후한 시기에 이미 한반도 중부의 넓고 기름진 땅을 모두 차지하고 있었어요. 또 고이왕 때에는 나라의 기틀이 잡혀서 왕의 힘도 강해졌지요. 나라 안이 이렇게 안정되자 뒤를 이은 근초고왕은 마음 놓고 전쟁을 벌일 수 있었어요.

근초고왕은 나머지 마한 땅을 모두 정복하고 낙동강까지 내려가서 신라를 괴롭혔어요. 호남의 넓은 평야가 모두 백제 차지가 되었고, 남해와 서해 바다의 뱃길도 백제의 손아귀에 들어왔지요. 이렇게 해서 백제는 중국의 동진과 가야, 왜를 연결하는 중심 국가가 되었어요.

하지만 곧 고구려가 낙랑군, 대방군을 정복하고 대동강 유역으로 진출하면서 백제와 대결하게 되었어요. 황해도 부근을 놓고 두 나라는 팽팽하게 맞붙었지요. 첫 번째 싸움은 백제의 승리였어요. 근초고왕은 3만 명의 군사를 이끌고 고구려의 평양성을 공격해서 큰 승리를 얻었어요. 이 전쟁에서 고구려의 고국원왕이 전사했지요. 4세기에 백제는 전성기를 맞았던 거예요.

반면, 전쟁에서 왕을 잃은 고구려는 복수의 칼을 갈았지요. 고국원왕의 뒤를 이은 소수림왕은 우선 나라 안부터 정비했어요. 태학이라는 학교를 세워 젊은이들을 교육하고 불교를 받아들여 백성들의 마음을 모으는 데 애썼지요. 이렇게 착실히 준비를 한 끝에 광개토대왕 때에 드디어 다시 정복 전쟁에 나서기 시작했어요.

그 이름만으로도 짐작할 수 있듯이 광개토대왕은 넓은 땅을 개척한 왕이에요. 후연, 거란, 부여, 숙신과의 전쟁에서 두루 이겨 만주의 대부분을 차지했어요. 고국원왕의 원한도 광개토대왕이 풀었지요. 광개토대왕은 백제를 공격해 한강 북쪽을 차지해 버렸거든요.

다급해진 백제는 전부터 가깝게 지내던 가야, 일본과 손을 잡고 고구려에 맞섰어요. 그러자 신라의 처지가 딱하게 됐죠. 일본의 침입을 받은 신라는 급한 김에 고구려에 도움을 청했어

요. 이렇게 좋은 기회를 놓칠 광개토대왕이 아니었죠. 고구려는 신라로 5만이나 되는 군대를 보내 왜구를 물리치고, 더 나아가 가야까지 공격해 버렸어요. 이 전쟁으로 가야는 회복할 수 없을 정도로 큰 타격을 받았어요.

고구려와 신라는 이후로도 꽤 오랫동안 우호적인 관계를 유지했어요. 물론 고구려가 훨씬 앞선 문물과 국력을 갖고 있었기 때문에 대등한 관계는 아니었지요.

광개토대왕의 뒤를 이은 장수왕은 아버지가 넓혀 놓은 넓은 영토를 지키며 숨 고르기에 들어갔어요. 도읍을 평양으로 옮기고 중국의 여러 나라와는 좋은 관계를 유지했지요. 그러면서 차츰 남쪽으로 눈을 돌렸어요.

드디어 장수왕이 신라의 북쪽을 공격하자 고구려와 신라의 동맹은 깨져 버렸어요. 이제 백제와 신라는 남쪽으로 밀고 내려오는 고구려를 막기 위해 좋든 싫든 손을 맞잡을 수밖에 없었지요.

뒤이어 475년, 고구려는 백제를 공격해 위례성을 빼앗고 개로왕을 죽였어요. 이제 한강은 고구려의 차지가 된 것이지요. 가까스로 도망친 개로왕의 아들은 웅진에 새로 도읍을 정했어요.

그 후 백제는 동성왕, 무령왕을 거쳐 성왕 때에 잠시 국력을 회복하는가 싶었어요.

"이제 백제는 과거의 영광을 되찾을 것이오. 그러기에 웅진은 도읍으로 너무 비좁으니 사비로 도읍을 옮기려 하오."

성왕은 도읍을 사비성으로 옮기고, 나라의 이름을 남부여로 바꿨어요. 부소산성이라고도 불리는 사비성은 지금의 충남 부여에 있었어요.

나라 안을 튼튼히 하고, 외교 관계를 돈독하게 해 둔 성왕은 잃어버린 한강 유역을 되찾기 위한 전쟁에 나섰어요. 이번에도 백제와 신라는 한편이 돼서 고구려를 공격했어요. 승리는 백제와 신라 연합군의 것이었고, 이렇게 해서 차지한 땅은 신라와 백제가 나눠 가졌어요. 백제는 비로소 한강 하류 지역을 다시 찾을 수 있었지요. 그러나 76년 만에 잃어버린 영토를 되찾은 감격은 잠시뿐이었어요.

신라의 진흥왕은 기습적으로 백제를 공격해 한강 유역을 빼앗아 버렸어요. 한강의 주인이 신라로 바뀌는 순간이었지요. 120년간 지속된 백제와 신라의 동맹 관계가 깨지는 순간이기도 했고요.

성왕의 분노는 하늘을 찌를 듯했어요.

"신라가 어찌 이럴 수 있단 말이오? 어떻게 되찾은 땅인데 이대로 신라에게 내줄 수는 없소."

"그뿐 아닙니다. 한강 유역을 신라가 차지하도록 둔다면 신라의 국력은 전과 비교할 수 없이 커질 것입니다. 신라는 이번 싸움으로 비옥한 영토를 넓혔을 뿐만 아니라 중국과 직접 연결할 수 있는 통로를 얻었기 때문입니다. 지금 빨리 신라의 기세를 꺾어 두지 않는다면 훗날 더 큰 화를 당할 것입니다."

성왕과 백제의 관료들은 신라를 공격하기 위한 준비에 들어갔어요. 왜에 지원병을 보내 달라고 요청하고, 대가야와는 연합을 꾀했지요. 백제군의 지휘는 태자가 맡았어요.

554년, 백제군은 신라의 관산성으로 향했어요. 충북 옥천에 있던 관산성은 문제가 된 한강 하류 지역과 신라 영토를 연결시켜 주는 통로에 있었기 때문이에요. 성왕도 군사들을 격려하기 위해 곧 뒤를 따랐어요. 하지만 관산성 전투에서 백제는 크게 패배했어요. 백제를 다시 일으키려던 성왕도 그 꿈을 이루지 못한 채 관산성에서 목숨을 잃었지요. 관산성 전투 이후 백제의 운명은 돌이킬 수 없는 내리막길로 접어들었어요.

신라는 삼국 가운데 가장 뒤늦게 성장한 나라예요. 박혁거세가 신라를 세운 것은 기원전 57년이라고 기록되어 있지만 고대 국가의 모양새를 제대로 갖춘 것은 훨씬 뒤의 일이에요. 신라의 실질적인 시조는 4세기 내물왕이라고 볼 수 있어요. 이 시기에 이르러 3개 성씨 중 김씨가 왕의 자리를 독차지하게 되었지요. 또 왕을 이사금 대신 마립간이라고 불렀는데, 마립간은 정치의 우두머리라는 의미를 가져요. 왕이라는 말을 쓰기 시작한 것은 지증왕 때부터예요. 나라의 이름을 신라로 고친 것도 이때였지요.

이렇게 차근차근 실력을 키워 온 끝에 신라는 진흥왕 때에 눈부신 발전을 이뤘어요. 진흥왕은 한강 유역을 차지한 데 그치지 않고 계속 영토를 넓혀 갔어요. 이 시기에 신라는 삼국 통일의 기초를 다졌던 거예요.

"와! 뭐가 그렇게 복잡해요? 엎치락뒤치락 정신이 없네요."

할아버지의 이야기를 듣던 현아가 머리를 움켜쥐며 말했어요.

"결국 마지막에 한강 유역을 차지한 신라가 삼국을 통일한 거네요. 한강은 역시 한반도의 중심인가 봐요."

"그렇지. 한강은 경기도와 황해도의 기름진 땅을 거느리고 있기 때문에 사람이 살기에 아주 적당해. 그뿐 아니라 교통의 중심이기 때문에 정치, 군사, 외교, 상업에서도 두루 중요하게 여겨졌던 거야. 한강의 물줄기는 서해로 이어지고, 서해는 곧 중국으로 가는 길목이었거든."

현수의 말에 할아버지가 대답하셨어요. 그 사이 차는 한강 다리 위로 올라서고 있었죠.

"한강이다! 할아버지, 여기서 배를 타고 서해로 빠져나가 보고 싶어요. 그런 다음에 서해, 남해, 동해를 거쳐 한반도를 빙 돌아보는 거예요. 가다가 강을 만나면 한번씩 거슬러 올라가 보고요. 집에 가서 지도를 보면서 뱃길을 어떻게 잡을지 연구해 봐야겠어요."

한강을 내다보며 준호가 말했어요.

흰 피를 흘리며 죽은
이차돈

:: 불교가 들어오다

요즘 현아네 학교에서는 아이들 사이에 카드로 점치는 것이 유행하고 있어요. 카드를 뽑아서 어떤 카드가 나오느냐에 따라 앞으로 일어날 일을 미리 알아맞히는 거지요. 특히 준호는 점괘를 잘 맞춰서 아이들한테 인기가 좋았어요. 어제는 같은 반 친구가 다리 다칠 것을 미리 알아맞혀서 전교에 소문이 쫙 퍼지기도 했어요.

저녁에 준호가 현아네 집으로 심부름을 왔어요. 그런데 심부름 온 준호의 차림새가 아주 희한했어요. 주렁주렁 구슬 목걸이를 걸고, 머리에는 생일잔치 때 쓰는 고깔모자를 쓰고 온 거예요.

"너 이게 다 뭐야?"

"나 종교를 하나 만들기로 했어. 이 모자는 하늘에서 기운을 모아들이는 모자야. 그리고 이 목걸이의 구슬들은 하나하나 내 카드와 연결되어 있지. 그래서 나는 이 목걸이의 힘으로 카드 점을 잘 칠 수 있는 거야."

준호는 눈을 지그시 감고 목걸이의 구슬을 하나하나 쓰다듬으며 낮은 목소리로 말했어요.

"점을 잘 친다고 무조건 종교를 만드니? 그렇게 우스꽝스러운 꼴을 하고 다니면 사람들이 너를 믿고 따르기는커녕 오히려 네가 미쳤다고 생각할 거야."

현아가 쏘아붙였지만 준호는 전혀 기죽지 않고 여전히 아주 진지한 얼굴이었어요.

"점을 보는 것과 종교는 뭐가 다르지? 점을 보는 것과 교회나 절에 다니는 게 무슨 차이가 있냐고?"

준호의 말에 현아는 말문이 막혔어요. 하지만 다행히 할아버지가 거들어 주셨어요.

"얼마 전에 준호가 인간을 비롯한 모든 생명체는 언젠가 죽게 마련이라는 것 때문에 고민한 적 있지? 준호뿐 아니라 모든 인간은 이 문제를 고민해 왔단다. 인간으로서는 도저히 풀 수 없는 이 근본적인 문제에 대한 답을 찾는 과정에서 종교가 생겨났지. 종교가 처음 시작된 것은 아주 오래전일 거야. 하지만 미개 종교와 다른 체계적인 종교가 생겨난 것은 기원을 전후한 시기지. 준호가 점을 잘 친다고 했는데, 앞일을 알아맞히는 것 이외에 또 할 수 있는 게 뭐지? 세상의 원리나 인간이 어떻게 살아야 하는지에 대해서 설명할 수 있니?"

할아버지의 말씀에 준호는 눈만 껌뻑거릴 뿐 대답을 하지 못했어요.

"이런 것에 답할 수 없다면 그건 종교라고 할 수 없단다."

할아버지는 계속해서 우리나라에 불교가 처음 전해지던 시기의 이야기를 해 주셨어요.

불교는 삼국 중에서 고구려에 제일 먼저 전해졌어요. 소수림왕이 고구려의 왕으로 있던 372년이었지요. 소수림왕은 백제의 공격으로 고국원왕이 죽고 난 뒤 왕위에 올랐어요. 안팎으로 어려운 시기에 왕의 자리에 앉은 소수림왕은 늘 근심이 끊이지 않았지요. 어떻게든 나라의 힘을 하나로 모아야 할 텐데 귀족들은 제각기 자기 세력을 넓히려고만 들었고 왕 곁에는 늘 믿을 만한 사람이 부족했지요.

왕을 중심으로 나라의 힘을 하나로 모으는 데 걸림돌이 되는 것 중에는 종교도 있었어요. 지방의 귀족들은 부족 시절부터 이어져 온 그들만의 종교를 갖고 있었고, 종교의 힘으로 그 지방 백성들을 정신적으로 지도하고 있었죠. 그러다 보니 국가와 왕의 권위가 바로 서기 어려웠던 거예요.

그러던 어느 날 중국 진나라의 왕이 고구려로 사신을 보내 왔어요.

소수림왕은 사신을 맞아 반갑게 인사를 했지요. 그런데 진나라의 사신 곁에는 이상한 차림을 한 사람이 함께 서 있었어요.

"이분은 부처님의 뜻을 따르는 순도라는 스님입니다. 고구려에 불교를 전하기 위해서 저와 함께 왔지요. 그리고 이것은 저희 나라 황제가 보내는 선물입니다."

    진나라의 사신은 같이 온 스님을 소개하고서 선물 꾸러미를 내밀었어요. 소수림왕이 기뻐하며 선물을 풀어 보니 책 한 권과 이상한 모양의 인형이 들어 있었어요.

"그것은 불경과 불상입니다. 불교의 가르침을 적은 책과 부처님의 모양을 따라 만든 인형이지요."

순도 스님을 통해 소수림왕은 불교를 알게 되었어요.

"정말 훌륭한 가르침입니다. 우리 백성들에게도 불교를 믿게 하면 온 국민의 힘이 한데 모여 국가의 발전에도 도움이 될 것 같군요."

소수림왕은 중국에서 건너온 스님들이 지낼 수 있도록 초문사와 이불란사라는 절을 지어 주었어요.

백제는 384년, 고구려보다 늦게 불교를 받아들였어요. 백제에 불교가 전해진 경로는 고구려와 달랐어요. 인도의 스님 마라난타가 중국의 동진을 거쳐 백제에 불교를 전해 줬거든요. 고구려와 백제에서 유행했던 불교의 종파도 각기 달랐어요.

고구려와 백제에 비해서 신라는 불교를 받아들이는 데 무척 힘이 들었어요. 신라는 고구려나 백제보다 뒤늦게 나라의 꼴을 갖춰 갔고, 중국과의 교류도 뜸했기 때문에 새로운 종교를 받아들이기에 어려움이 많았죠. 신라의 불교는 외국의 사신이 소개한 것이 아니라 고구려를 통해 평범한 백성 사이에 먼저 전해졌어요.

신라의 법흥왕은 불교를 알게 된 후 곧 이를 받아들여 흥륜사라는 절을 지으려 했어요. 그런데 절을 지을 나무를 구할 수 없어 신라 사람들이 신성한 나무라고 섬기던 나무를 베어다 썼어요. 이 사실이 알려지자 신라의 귀족들은 펄쩍 뛰었지요.

"이제 우리 신라는 큰 벌을 받을 것입니다. 외국에서 들어온 석가라는 신을 위해 그동안 우리를 지켜 준 신들을 소홀히 대했으니 반드시 벌이 있을 거라고요."

"그렇습니다. 하늘이 노할 것입니다. 당장에 죄인을 잡아서 목을 쳐야 하늘의 노여움을 풀 수 있습니다."

왕은 아주 곤란한 지경에 빠지고 말았어요. 그러자 왕을 도와 절을 짓고 있던 이차돈이라는 젊은 신하가 선뜻 앞으로 나섰어요.

"제가 절을 지은 책임을 지겠습니다. 제 목을 쳐 주십시오."

왕과 귀족들은 곧 이차돈의 목을 치기로 했어요. 이차돈은 두려워하는 기색 없이 의연하게 앉아서 칼을 받았지요.

그런데 이차돈의 목을 베고 난 사람들은 모두 놀라 몇 발짝씩 물러났답니다. 그의 목에서 붉은 피 대신 흰 피가 하늘 높이 치솟아 올랐기 때문이지요. 그뿐 아니었어요. 갑자기 하늘이 캄캄해지고 땅이 진동하더니 끝내는 하늘에서 꽃비가 내리기 시작했어요.

이차돈의 목을 치라던 귀족들은 겁에 질려 땅바닥에 바짝 엎드렸어요. 그 후부터 신라에서는 불교를 국가의 종교로 받아들였지요. 이때가 527년이었으니까 고구려나 백제보다 150년 정도 뒤늦게 불교를 받아들인 것이에요. 시작은 늦었지만, 신라의 불교는 그 뒤 국가의 보호를 받으며 크게

발전했어요.

삼국은 불교를 받아들인 후에 그것을 그동안 믿어 오던 자연의 여러 신과 결합시켰어요. 산신이나 물의 신에게도 부처나 보살이라는 이름을 지어 주었어요. 또 아픈 사람을 치료하거나 복을 빌어 주는 것도 무당 대신 스님들이 맡게 되었어요. 이것은 불교가 갖는 개방적인 특성 때문에 가능했던 거예요.

덕분에 불교는 왕실이나 귀족들뿐 아니라 백성들의 생활 구석구석에까지 뿌리내릴 수 있었어요.

삼국의 불교는 곧 일본으로 전해졌어요. 일본에 처음 불교를 전해 준 것은 백제였답니다. 538년에 백제의 성왕은 일본에 불상과 경전을 전해 주었어요. 그 후 도심, 담혜와 같은 백제의 스님들이 일본으로 건너가 부처님의 말씀을 가르쳤어요. 불상 만드는 기술자, 절 짓는 기술자, 기와장이 등도 건너갔지요.

　일본에는 호류사라는 유명한 절이 하나 있어요. 이 절은 5만 6천 평이나 되는 큰 규모일 뿐 아니라 세계에서 가장 오래된 목조 건물이지요. 호류사를 지어 준 사람도 바로 삼국 시대의 우리 조상들이랍니다. 절 안에 있는 불상이나 장식품들도 모두 백제의 기술자들이 만든 것이었고 그곳에서 불경을 가르친 스님도 백제의 스님이었지요.

　유명한 담징의 금당 벽화가 있던 곳도 바로 호류사예요. 고구려의 담징은 일본으로 건너가 물감과 먹 만드는 법, 종이 만드는 법을 가르쳐 주었어요.

호류사가 지어질 무렵의 일본 문화를 아스카 문화라고 하는데, 아스카 문화는 모든 일본 문화의 고향이라고 불려요. 일본은 이즈음에 국가의 틀을 갖추었어요. 그러므로 일본 최초의 문화를 싹 틔우는 데는 불교를 전해 준 백제의 공이 컸던 것이지요.

"사람 몸에서 어떻게 하얀 피가 나올 수 있어요? 말도 안 돼."
"실제로 하얀 피가 솟구치고 꽃비가 내렸는지는 알 수 없지만, 이차돈이 목숨을 내놓은 것은 사실일 거야. 뒷이야기는 그만큼 불교라는 종교의 힘이 크다는 의미에서 곁들여진 게 아닌가 싶구나."
현아의 질문에 할아버지가 대답해 주셨어요.
"할아버지, 그럼 제 점괘가 기막히게 맞는 이유는 뭐죠? 이건 분명히 사람의 능력이 아니에요. 신이 돕는 거라고요. 할아버지도 한번 해 보세요."
준호가 주머니에서 카드 뭉치를 꺼내더니 아주 요란스럽게 카드를 섞고 할아버지께 한 장을 뽑게 했어요.
"와! 이건 행운이에요. 할아버지한테 뭔가 좋은 일이 일어날 거예요. 길 가다 돈을 주울 수도 있고, 뜻밖의 선물을 받을 수도 있겠군요. 복권을 사시는 것도 좋을 것 같아요."
"뜻밖의 선물은 이미 받았는걸. 너희 엄마가 이렇게 몸에 좋은 더덕구

이를 보내 주지 않았니?"

할아버지가 허허 웃으며 말씀하셨어요.

"거 보세요. 제 점괘는 확실하다니까요. 그렇다면 저도 나이가 차면 석가모니처럼 집을 떠나 사방을 돌아다니면서 도를 찾을 거예요."

준호는 카드를 챙기면서 여전히 들뜬 목소리로 떠들어 댔어요.

"엉터리 도사님, 도를 찾아 떠날 때 떠나더라도 지금은 빨리 집으로 돌아가는 게 좋겠어. 형네 엄마가 형 빨리 보내라고 전화하셨거든."

현수의 말에 준호는 여전히 고깔모자를 쓰고 주렁주렁 목걸이를 건 모습으로 집을 향해 뛰어갔어요.

만족하고 그만
그치기를 바라노라!

:: 수나라를 물리친 고구려

현아네 학교는 요즘 운동회 준비로 잔뜩 들떠 있어요. 특히 4학년 남학생의 농구 경기는 열기가 어찌나 뜨거운지 가끔 싸움이 나기까지 했어요.

수업이 끝나고 집으로 돌아오는 길에 현아는 준호와 준호네 반 반장이 운동장에서 말다툼하고 있는 걸 봤어요. 도대체 왜 싸우나 알아봤더니 준호와 반장이 농구팀 구성에 대해 서로 다른 의견을 갖고 있었어요. 반장은 농구를 잘하는 아이들로만 팀을 꾸리자고 제안했고 준호는 반 아이들이 모두 돌아가며 선수로 뛸 수 있게 해야 한다고 주장하고 있었어요.

"이건 전쟁이야."

"아니야. 이건 스포츠일 뿐이야."

"내가 반장이니까 내 말에 따라야 해."

"그럼 난 농구 선수에서 빠지겠어."

한참 말다툼을 한 끝에 준호가 가방을 들고 돌아섰어요. 그러자 반장이 준호 앞을 막아섰죠.

"그건 안 돼. 넌 우리 반에서 키가 제일 크니까 네가 빠지면 안 된다고."

"싫어. 난 안 한다고 했잖아."

"이건 우리 반 전체의 일이야. 싫어도 무조건 선수로 뛰어야 한다고."

반장이 준호의 책가방을 빼앗으려고 하고 준호는 안 뺏기겠다고 밀고 당기면서 몸싸움이 벌어졌어요. 그러더니 어느 순간 반장이 주먹으로 준호 얼굴을 때렸지요. 준호 코에서 피가 터졌어요. 그 순간 현아가 소리를 지르며 달려들어 준호네 반 반장을 떠밀어 버렸어요.

"야, 네가 뭔데 준호를 때려? 어! 피까지 났네. 준호야, 괜찮아?"

현아는 준호의 코피를 막아 주고 집으로 데려왔어요.

"준호, 코피 났어요."

현아가 호들갑을 떨며 현관으로 들어서자 할아버지가 찬 물수건을 가져다주셨어요.

"할아버지, 사람들은 왜 싸우는 거죠? 역사책을 봐도 숱하게 많은 전쟁 이야기들이 나오잖아요. 싸우지 않고는 살 수 없는 건가요? 저는 아이들이 농구 경기를 왜 전쟁이라고 생각하는지 도무지 이해가 가지 않아요."

준호가 기운 없는 목소리로 물었어요.

"준호야, 인간은 혼자서는 살아갈 수 없고 모여서 사회를 이루며 살아갈 수밖에 없어. 여럿이 어울려 살다 보면 서로 생각이 다를 수도 있고 이해 관계가 어긋날 수도 있지. 그러다 보니 크고 작은 싸움이 생겨나는 거야. 준호 말대로 인류의 역사는 많은 전쟁으로 얼룩져 있지. 우리나라의 역사만 봐도 우리 민족끼리, 또는 중국 대륙의 여러 민족들이나 일본과 숱한 전쟁을 치르며 이어져 왔어."

할아버지는 이어서 고구려와 수나라 사이의 전쟁 이야기를 해 주셨어요.

지도를 펴 놓고 우리나라 땅을 살펴보면 중국과 맞닿아 있어요. 그러다 보니 우리 민족은 먼 고조선 시대부터 중국과 많은 관계가 있을 수밖에 없었지요. 더러는 싸우기도 하고 서로 돕기도 하면서 말이에요. 우리나라는 중국으로부터 발달한 문화를 받아들이기도 하고 끊임없이 침략을 받기도 했어요. 삼국 중 북쪽에 자리 잡은 고구려는 나라가 세워진 이후 줄곧 중국과 크고 작은 전쟁을 치러야 했어요. 그러면서 고구려의 힘은 점점 더 커졌지요.

그때 중국은 한나라가 멸망하고 약 400년 동안이나 하나의 나라를 세우지 못한 채 크고 작은 여러 나라로 분열되어 있었어요. 그러다가 589년, 수나라가 중국을 통일했어요.

스스로를 천하의 중심이라고 생각하는 수나라가 고구려를 가만두지 않을 것은 불 보듯 뻔한 일이었지요. 수나라의 황제는 주변의 모든 나라가 자신에게 복종하라고 요구했지만, 고구려는 그렇게 하고 싶지 않았거든요. 고구려는 차라리 먼저 수나라를 공격하는 방법을 택했어요. 앉아서 당하느니 아직 수나라 군대가 제대로 공격의 채비를 갖추지 않았을 때 싸움을 시작해 보자는 계산이었지요. 고구려가 요서 지방을 공격함으로써 두 나라 사이의 전쟁은 불이 붙었어요.

수나라의 황제, 문제는 곧바로 고구려로 보낼 군대를 준비했어요. 문제의 아들인 양량과 왕세적 장군은 30만 명이나 되는 군대를 이끌고 고구려로 떠났어요. 그런데 기록에 의하면, 수나라의 첫 번째 공격은 고구려 땅을 제대로 밟아 보지도 못한 채 끝나 버렸어요. 홍수와 전염병, 그리고 수

군을 덮친 폭풍우 때문이었다고 해요.

첫 번째 전쟁의 실패에도 문제의 뒤를 이은 수나라 황제, 양제는 다시 고구려를 침략할 계획을 세웠어요. 이번에는 문제 때보다 훨씬 더 많은 군대를 보냈어요. 수나라의 군대는 113만 명이나 되었고, 식량을 나르는 사람들은 군사들의 수보다 두 배나 됐어요. 황제의 배웅을 받으며 군대가 모두 출발하는 데만도 40일이 걸렸고, 깃발이 960리에 늘어섰을 정도로 어마어마한 규모였지요.

수나라에서 출발한 군대가 고구려 군대와 첫 싸움을 벌인 것은 랴오허 강(요하)을 건널 때였어요. 랴오허 강만 건너면 바로 요동성이기 때문에 고구려 군대는 어떻게든 수나라 군사들이 랴오허 강을 건너지 못하게 막으려 했지요.

강을 건너기 위해서는 다리가 필요했지만 제대로 된 다리를 만들 수 없었기 때문에 수나라는 물 위에 띄워 놓는 다리인 부교를 놓았어요. 치열한 전투 끝에 결국 수나라 군사는 강을 건넜고, 요동성은 수나라 군대에게 둘러싸이고 말았어요.

그 사이 요동성 안의 고구려 군대는 싸울 준비를 단단히 하고 있었어요. 드디어 수나라의 공격이 시작되자 고구려 군대도 물러나지 않았지요. 전쟁은 한두 번으로 끝나지 않고 석 달을 끌었어요. 결국 수나라 군대는 지쳐서 그만 요동성 부근의 육합성이라는 곳에 들어가 쉴 수밖에 없었어요.

한편, 물길을 통해 평양성으로 향한 수나라 군대는 무사히 평양성 바로 코앞까지 도착했어요.

"여기서 다른 군대가 도착할 때까지 기다리도록 하지요."

군사들이 말하자, 수군(水軍) 대장, 내호아가 큰소리를 쳤어요.

"우리가 가장 먼저 평양성에 도착했다. 그러니 우리 군대의 힘만으로 빨리 평양성을 공격하자. 그러면 황제 폐하께서 우리 군대의 공을 칭찬하시며 큰 상을 내리실 것이다. 평양성 정도야 우리만으로도 충분히 쳐부술 수 있지."

내호아는 자기 군사들만 데리고 평양성 아래를 공격하기 시작했어요.

평양성 안의 고구려 군대도 작전을 세웠어요. 고구려 군대는 일부러 싸움에 지는 척 성 안으로 도망만 쳤어요. 그러자 신이 난 내호아의 군대는 성 안으로 밀고 들어왔지요. 수나라 군사들은 전쟁은 뒷전이고 값진 물건을 챙기는 데 정신이 없었답니다.

이때 숨어 있던 고구려 군대가 쏟아져 나오며 내호아의 군대를 공격하기 시작했어요. 내호아의 군대는 무수히 죽고, 나머지는 허겁지겁 도망치기에 바빴지요.

그즈음 수나라에서 새로운 작전이 수립되었어요. 수군과 육군이 힘을 합쳐서 평양성을 공격한다는 것이었지요. 곧 수나라의 육군은 압록강으로 수군은 대동강으로 모여들었지요.

이 소식을 전해 들은 고구려의 왕이 을지문덕을 불러서 명령했어요.

"지금 곧 수나라의 군대가 있는 곳으로 가서 적의 힘이 어느 정도인지를 알아보고 오시오."

을지문덕 장군은 곧 말을 타고서 수나라 군대가 진을 치고 있는 곳으로 갔어요.

"아무래도 우리 고구려가 수나라와 싸워서 이길 가망은 없소. 그래서 나는 일찌감치 항복하려 하오."

을지문덕은 짐짓 이렇게 말했지요.

그러고는 수나라 장군들이 방심한 사이 군대의 형편을 요모조모 살펴보고서는 휑하니 떠나갔어요.

궁궐로 돌아온 을지문덕은 왕에게 수나라 군대에 대해 보고를 했어요.

"수나라 군대는 지금 무척 지치고 또 굶주려 있습니다. 숫자만 많다 뿐이지 그리 잘 싸울 것 같지는 않습니다. 더구나 적의 장군들은 서로 의견이 맞지 않아 하는 일마다 옥신각신하고 있습니다."

왕은 을지문덕의 말을 듣고서 한시름을 놓았어요.

그날부터 을지문덕은 고구려 군사들에게 수나라와 싸울 때마다 져주라고 했어요. 무조건 지는 척하며 후퇴하라는 것이었지요.

고구려 군대는 하루에 일곱 번을 싸워서 일곱 번 모두 지고는 뒤로 물러나기만 했어요. 수나라 군대는 신이 나서 살수(지금의 청천강)를 건너 평양성 바로 앞까지 왔어요.

그때, 을지문덕은 시를 한 수 지어서 수나라 장군 우중문에게 보냈어요.

**귀신 같은 책략은 하늘을 꿰뚫고
절묘한 계략은 땅의 이치를 통달했도다
싸워 이긴 공이 이미 높으니
만족하고 그만 그치기를 바라노라**

이렇게 우중문을 비웃는 시를 보내면서 한편으로는 사람을 시켜서 지금 군사를 철수시키면 왕을 모시고 수나라에 예의를 갖추겠다고 전했어요. 그러자 이미 지치고 식량도 떨어져 높고 튼튼한 평양성을 공격할 엄두를 못 내고 있던 수나라 장군들은 잘 되었다 싶었어요. 이만하면 체면은 섰으니 그만 돌아가기로 했지요.

적군이 열을 지어 수나라로 돌아가려 하자 을지문덕은 곧바

로 미리 준비해 둔 고구려 군대를 풀어서 공격을 시작했어요. 갑자기 공격을 당해 당황한 수나라 군대는 도망치느라 정신이 없었지요.

고구려 군대에 쫓긴 수나라 군사들이 살수에 도착했을 때였어요. 어쩐 일인지 바짝 뒤쫓아 오던 고구려 군대가 조용해졌고, 강물은 얕아서 쉽게 건널 수 있을 것 같았어요. 수나라 군사들은 바삐 살수를 건너기 시작했어요.

수나라 군사들이 살수를 반쯤 건넜을 때였어요. 갑자기 물이 불어나더니 순식간에 군사들을 덮쳤어요. 을지문덕 장군이 미리 둑을 쌓아 물을 가둬 두고 있다가 때 맞춰 둑을 허물었던 거지요. 게다가 뒤편에서는 잠잠하던 고구려군의 공격이 다시 시작되었고요. 수나라 군사들은 우왕좌왕 어쩔 줄을 몰랐지요. 수많은 사람이 죽어 강물은 붉은 핏물로 변했어요.

이 싸움이 바로 살수 대첩이에요. 이때가 612년 7월이었지요. 그 뒤에도 수나라는 몇 번이나 더 고구려를 침략하려 했지만 번번이 실패로 끝났어요. 자연히 수나라 백성들은 이기지도 못하는 전쟁을 일으키는 황제를 원망했지요. '고구려에 가서 헛되이 죽지 말자.'라는 노래가 유행할 정도였답니다.

결국 수나라는 무리한 고구려 침략 전쟁 때문에 오래가지 않아 망하고 말았어요. 수나라의 뒤를 이은 당나라도 역시 고구려를 침략했어요. 당태종은 645년, 직접 군사를 이끌고 고구려로 쳐들어왔지요. 하지만 고구려는 안시성의 백성들과 군대의 힘으로 이 침략도 물리쳤어요.

"가슴 아픈 일이지만 인류는 이렇게 끔찍한 전쟁을 수없이 많이 치르면서 오늘날에 이르렀단다. 하지만 다른 한편으로는 인류는 개인과 개인, 또는 국가와 국가, 민족과 민족 간의 갈등과 다툼을 평화적으로 해결하기 위한 방법을 찾으려고 노력해 왔어. 지금도 그런 노력은 계속되고 있고."

"올림픽의 정신도 세계 여러 나라의 젊은이들이 모여서 우정을 나누고 세계 평화에 이바지하자는 거잖아요. 학교 운동회도 마찬가지고요. 같은 학교 학생들이 모두 모여 함께 운동을 하면서 더욱 친해지고 사이좋게 지내자는 의미 아닌가요?"

할아버지의 말씀을 듣는 동안 코피가 멈춘 준호가 한결 밝아진 얼굴로 말했어요.

"그래. 할아버지도 준호 생각에 찬성한단다. 스포츠는 경쟁이기는 하지만 전쟁과는 달라. 모두가 함께 즐기려고 농구 경기를 하는 거지 이기려고 하는 싸움은 아니라고 봐. 내일 학교에 가서 다른 친구들의 의견도 두루 들어보고 함께 토론해 보면 어떻겠니?"

준호는 할아버지 말씀에 힘이 났는지 씩씩하게 일어섰어요. 현아가 현관 앞까지 준호를 배웅해 줬어요.

"그런데 너는 무슨 여자애가 그렇게 힘이 세니? 이번 운동회 때 씨름하면 네가 선수로 나가도 되겠더라."

준호는 이렇게 말하고서 재빨리 엘리베이터 문을 닫고 달아나 버렸죠.

신라의 소년들

:: 화랑도

중간고사를 앞둔 토요일 저녁에 현아와 준호, 현수는 현아네 집 식탁에 모여 앉아 공부를 하고 있었어요. 양쪽 집 엄마 아빠는 모두 외출을 하셨고 할아버지 혼자서 아이들의 공부를 지켜보고 계셨죠.

"난 타임머신이 있다면 타고 가서 꼭 하고 싶은 일이 있어."

현아가 몸을 비틀면서 말했어요.

"뭘 하고 싶은데?"

딴생각에 빠져 있던 준호가 건성으로 물었어요.

"학교를 만든 사람을 찾아가서 제발 그런 쓸데없는 짓을 하지 못하게 말리고 올 거야. 할아버지, 학교는 도대체 누가 만든 거예요?"

"우리나라 역사에서는 고구려의 경당이나 태학이 아마 가장 오래된 기록일 거야. 언제부터인지는 모르지만 고구려에는 경당이라는 교육 기관이 있었고, 태학은 소수림왕 때 국가에서 만든 학교란다. 당시에 고구려는 귀족들의 힘을 누르고 왕을 중심으로 한 중앙 집권적인 국가로 바꾸려고 애쓰고 있었거든. 그러려면 교육을 받은 관리들이 많이 필요했고, 이들을 국가에서 직접 교육했던 거지. 그 뒤부터의 역사에는 어느 시대, 어느 나라에서나 교육 기관에 대한 기록이 빠지지 않고 있지. 너희들도 알고 있는 신라의 화랑도도 역시 일종의 학교였단다."

할아버지는 계속해서 신라의 화랑도에 대해서 이야기해 주셨어요.

6세기 초부터 신라는 크게 발전해 갔어요. 소를 이용해서 밭을 갈기 시작하면서 농업이 발달하고, 여러 가지 정치 제도와 조직도 갖추어 갔지요. 국토도 넓어져서 강대국이 되었어요. 한강 부근, 낙동강 부근은 물론이고 북으로 올라가서 함경도까지 차지할 정도였으니까요. 지금까지 남아 있는 적성비, 순수비, 신라비 등은 신라가 이렇게 영토를 넓혀 나가면서 세운 것들이에요.

또 불교를 받아들여 국가에서 보호하기도 했어요. 많은 절을 세우고 종을 만들어 신라 땅 여기저기에서 종소리가 은은하게 울려 퍼졌지요.

그즈음 신라의 진흥왕에게는 한 가지 고민이 있었어요. 나라가 발전하려면 무엇보다도 훌륭한 신하가 많이 있어야 하는데 도대체 어떤 사람을 신하로 뽑아야 하는 것이지 알 수 없었던 거예요. 신하가 되려는 사람들은 모두 왕에게 잘 보이려고 애를 쓰기 때문에 그 사람됨이 제대로 드러나지

앉았지요.

이때 마침 한 신하가 진흥왕에게 좋은 제안을 했어요.

"폐하, 귀족의 아들들은 백성들의 모범이 되게 잘 가르쳐야 합니다. 또한 이들 중 앞으로 이 나라를 짊어지고 나갈 젊은 신하를 뽑아야 하기 때문에 더더욱 교육이 중요하지요. 그러니 젊은이들을 모아 놓고 오랫동안 지켜보며 각각의 사람됨을 판단해 보면 어떨지요?"

이렇게 해서 진흥왕은 신라의 젊은이들이 함께 어울려 놀도록 모임을 만들게 했어요. 그렇다고 무조건 같이 모여서 놀라고 할 수는 없었지요. 진흥왕은 먼저 신라에서 가장 아름다운 여자를 두 명 뽑았어요. 그 여자들은 남모와 준정이었어요.

진흥왕의 말에 따라 남모와 준정은 각각 젊은이들을 모았어요. 아름다운 여자와 함께 놀기 위해 신라의 건강하고 똑똑한 젊은이들은 모두 몰려들었어요. 그러고는 각자 자기의 장기를 마음껏 발휘하면서 놀이

를 즐겼어요. 또 서로가 조금이라도 더 친절하고 예의 바르게 보이려고 애를 쓰기도 했지요.

젊은이들은 하루는 굽이굽이 흐르는 강가에 나가 춤을 추었고, 다음 날은 나무가 우거진 산 위에 올라가 노래를 했어요. 또 어떤 날은 모여 앉아 이런저런 문제에 대해서 토론을 벌이기도 했고요.

남모와 준정은 남자들에게 무척 인기가 높았어요. 모두가 남모와 준정의 마음을 사로잡으려고 애를 썼지요.

하지만 그렇게 많은 남자들 가운데서도 남모와 준정의 마음을 끌었던 것은 꼭 한 사람뿐이었어요. 남모와 준정은 동시에 한 남자를 좋아하게 되었던 거예요.

"준정보다 내가 예쁘지."

"남모보다 나를 더 좋아할 거야."

두 여자는 한 남자를 사이에 두고 경쟁을 벌였어요. 둘은 좀 더 예쁘게 보이기 위해서 좋은 옷을 골라 입고 화려한 장식품을 달기도 했어요.

둘의 경쟁은 도를 넘어서서 결국 큰일을 내고야 말았지요. 준정이 남모를 불러다 술을 먹여 곯아떨어지게 한 뒤 몰래 강물에 던져 버린 거였어요. 다음 날 남모가 갑자기 없어져 버린 것을 알고 사람들이 이리저리 찾으러 다녔지만 아무래도 찾을 수가 없었어요. 이제 신라에서 준정보다 더 아름다운 여자는 없었지요.

하지만 오래가지 않아 준정이 남모를 죽였다는 것이 밝혀지고 말았어요. 준정은 곧 사형을 당하고 말았지요. 이렇게 되자 남모와 준정을 따라다니던 젊은이들의 무리도 모두 흩어져 버렸어요.

남모와 준정 같은 여자들을 원화라고 불렀어요. 하지만 이렇게 질투 때문에 두 사람 모두 죽고 나자 그 뒤부터는 여자 대신 잘생긴 남자를 뽑아 젊은이들을 이끌고 다니게 했지요. 이들을 화랑이라고 했어요. 그리고 화랑을 따라다니는 젊은이들은 낭도라고 불렀어요.

  화랑은 낭도들이 모여서 귀족 가운데 얼굴이나 몸매가 단정하고 사교적이며 믿음이 깊은 사람을 가려 뽑았지요. 화랑은 신라 시대를 통틀어서 200명 정도밖에 안 되는 적은 숫자였지만 모두가 신라의 발전에 많은 역할을 했어요. 보통 화랑 한 명에 낭도 수백 명이 함께 다녔지요.

  화랑도는 열다섯 살에서 열여덟 살 정도의 청소년들이었는데, 이들은 보통 3년 동안 함께 생활했어요. 이 기간 동안 청소년들은 나라를 위해 몸과 마음을 바쳐야 하고 서로 믿고 믿음을 저버리지 않아야 한다는 것을 배웠지요. 스님이 화랑도를 따라다니며 가르침을 주기도 했어요.

또 화랑도는 금강산, 지리산 등 유명한 산과 강을 찾아다니며 넓은 마음과 건강한 몸을 길렀지요. 그러면서 국토를 사랑하는 마음을 키우고 지리를 익힐 수도 있었고요. 이들이 전쟁에 나갔을 때 소년 시절에 여러 곳을 돌아다녀 본 경험은 큰 도움이 되었지요.

화랑도가 떼 지어 놀러 다닐 때면 나라에서는 사람을 보내 그 모습을 지켜보게 했어요. 그러고는 그중 뛰어난 소년들을 눈여겨보아 두었다가 이후 나라의 중요한 일을 맡겼지요. 김유신 장군도 소년 시절 화랑이었고, 그 밖에도 훌륭한 장군과 학자, 스님, 높은 벼슬을 한 사람들 중에는 화랑 출신이 많았어요. 화랑은 신라가 삼국을 통일하는 데도 큰 역할을 했어요.

화랑이 많이 생겨났던 진흥왕 때의 신라는 고구려나 백제와 오랫동안 전쟁을 치러야 했답니다. 따라서 전쟁에 나가 싸울 병사들이 많이 필요했지요. 화랑도는 이런 필요 때문에 차츰 병사들을 키워 내는 단체로 변해 갔어요.

"그럼 타임머신을 타고 삼국 시대보다도 더 이전 시대로 가 봐야겠네요. 석기 시대쯤으로 가면 될까요?"

현아가 여전히 몸을 뒤틀면서 물었어요.

"아무리 거슬러 올라간다고 하더라도 학교를 맨 처음 만든 사람을 찾을 수는 없을 거야. 교육은 인간이 사회를 이루며 살아가기 시작할 때부터 시작된 거거든. 부족이든 씨족이든 어느 집단에서든 어린 구성원들에게 살아가는 방법을 가르칠 필요는 있었을 테니까. 어떤 열매는 먹어도 되고, 어떤 열매는 먹으면 안 된다거나, 사냥을 할 때는 도끼를 어떻게 들어야 한다는 것 등등 말이야. 또 하늘에 제사를 지내는 방법이나 자신이 속한 무리의 역사, 훌륭한 조상 등에 대해서도 배웠겠지. 이렇게 나이 든 사람들이 어린 사람들을 자연스럽게 가르치던 것이 국가가 세워지고 발전하면서, 국가를 중심으로 체계가 잡혀 간 거야. 그러니까 학교를 딱히 누가 만들었다고 말하긴 어렵지."

할아버지께서 대답해 주셨어요.

"누나 머리로 타임머신을 만들 수는 없겠지만 혹시 누가 만들어 놓은 타임머신을 얻어 탈 수 있다면, 구석기 시대쯤으로 가서 아예 거기 눌러 살면 어떨까? 나무 열매 많이 따기, 물고기 많이 잡기 같은 시험이라면 누나도 잘 볼 수 있을 것 같은데."

현수는 이렇게 빈정거리면서도 교과서에서 눈을 떼지 않았고, 준호는 여전히 시무룩한 채로 말이 없었어요.

황산벌에 쓰러진
계백 장군

:: 백제의 멸망

"그런데, 준호는 왜 이리 말이 없니? 무슨 걱정이라도 있는 것 같구나."

아까부터 뭔가 혼자만의 생각에 빠져 있는 준호를 보고 할아버지가 물으셨어요.

"어떻게 아셨어요? 걱정이 있기는 한데……."

"무슨 걱정인데? 다 해결해 줄 테니까 누나한테 다 말해 봐. 내가 너보다 넉 달이나 먼저 태어난 누나 아니냐?"

현아가 너스레를 떨었지만 준호의 기분은 좀처럼 풀리지 않았어요.

"실은 내가 목숨을 걸기로 맹세를 한 게 있는데, 그걸 못 지켰거든."

한참 만에 준호가 간신히 말했어요.

"도대체 무슨 맹세를 했는데?"

절대로 책에서 눈을 떼지 않던 현수도 이번만큼은 고개를 들어 관심을 보였어요.

"그건 말할 수 없어. 어쨌든 난 목숨을 걸었으니까 이제 죽어야 되는 거겠지?"

준호가 한숨을 푹 내쉬며 말했어요.

"준호가 무슨 맹세를 했는지 모르겠지만, 목숨을 건다는 것은 그만큼 최선을 다하겠다는 의미를 전달하기 위한 표현일 뿐이야. 그만큼 노력을 했는데도 안 된 일이라면 처음부터 계획을 잘못 수립한 거니까 무엇이 잘못됐었는지 반성해야지. 그리고 만약 최선을 다하지 않아서 생긴 일이라면 마음을 다해 사과해야 하고."

"맞아. 이 세상에 진짜로 목숨을 걸 일이 도대체 뭐가 있단 말이야?"

할아버지 말씀에 현수가 한마디 거들더니 다시 책으로 눈을 돌렸어요.

"그렇지는 않아. 이 세상에는 목숨보다 소중한 것도 있단다. 실제로 그것을 위해 자기 목숨을 아낌없이 바친 사람들도 있고. 삼국 통일 과정에서 죽은 계백 장군이나 관창이 그랬었지."

현아와 현수, 준호는 잠시 공부를 접고 할아버지의 이야기에 귀를 기울였어요.

한강 유역을 차지하고 한반도의 중심 국가가 된 신라는 이제 중국과 손을 맞잡았어요. 앞서 중국의 수나라와 당나라가 고구려를 침략할 때도 신라는 남쪽에서 함께 고구려를 공격한 적이 있었어요.

반면, 백제는 신라를 원수로 생각하게 되었어요. 배신을 당한 것도 억울한데 백제의 왕이 신라와 전쟁을 하는 도중에 죽었으니 그럴 만도 하지요. 백제는 어떻게 해서든 신라에게 복수를 하려고 이를 갈고 있었어요.

642년, 백제의 의자왕은 드디어 신라를 공격하기 시작해 대야성(지금의 경남 합천)을 비롯해서 40개의 성을 빼앗았어요. 대야성에서는 김춘추의 딸을 죽이기도 했어요. 이어서 백제가 당항성(지금의 경기도 남안)을 공격하자 신라는 초조해지기 시작했어요. 당항성은 신라와 당나라가 서로 왕래하는 길목으로 신라에게는 아주 중요한 성이었거든요.

신라는 서둘러 김춘추를 고구려로 보냈어요.

"백제는 지금 아무 이유 없이 우리 신라를 공격해서 영토를 빼앗고 있습니다. 그러니 우리 두 나라가 힘을 합해서 저 못된 백제를 공격하는 것이 어떻겠습니까?"

"좋소. 그런데 한 가지 조건이 있소. 백제를 공격하는 대신에 우리에게 죽령 이북, 철령 이남의 땅을 주시오. 그 땅은 원래 우리 것이었지 않소? 그러니 돌려 달라는 말이오."

김춘추의 제안에 고구려의 연개소문은 이렇게 대답하고 오히려 그를 잡아 가두려 했어요.

"흥, 아예 신라 땅을 송두리째 달라고 하지."

김춘추는 이렇게 투덜거리며 겨우 고구려를 빠져나왔어요.

그리고 이번에는 당으로 건너갔어요. 당 태종은 함께 백제와 고구려를 공격하자는 김춘추의 말을 듣고 무척 기뻤어요. 그렇지 않아도 안시성 싸움에서 고구려에 지고 돌아온 것을 분하게 생각하고 있었으니까요. 언젠가 다시 쳐들어가겠다고 벼르고 있었는데 신라가 자청해서 동맹을 맺자고 하니 잘된 일이었지요. 당 태종은 군대를 보내 주겠다는 약속을 했어요.

654년 신라의 진덕 여왕이 죽고 나자, 뒤를 이어 김춘추가 왕이 되었어요. 당나라와의 외교를 도맡아 하던 김춘추가 왕이 되자 신라와 당나라 사이는 더욱 가까워졌지요.

그러던 중 고구려와 백제가 다시 신라를 공격하기 시작했어요. 태종 무열왕, 김춘추는 재빨리 당나라에 사람을 보내서 어서 군대를 보내 달라고 재촉했어요.

이렇게 해서 660년, 신라와 당나라의 연합군이 백제를 공격하기 시작했어요. 당나라 군대의 대장은 소정방이었지요. 소정방은 10만 명의 군대를 이끌고 백제의 수도, 사비성으로 향했어요. 또 신라에서는 김유신 장군이 5만 명의 군대를 이끌고 출발했고요.

그때, 백제에서는 의자왕이 사치스러운 생활과 놀이에 빠져 나랏일을 돌보지 않고 있었어요. 의자왕은 왕이 된 후 한동안 무서운 기세로 영토를 확장해 나가 신라를 곤란에 빠뜨렸던 인물이에요. 또 효성이 지극하고 형제와 우애가 두터워서 백성들에게 존경을 받기도 했고요.

그러던 의자왕이 어쩐 일인지 나이가 들수록 점점 나랏일에는 관심이 없고 먹고 마시며 노는 데만 정신을 팔았지요. 더구나 왕족과 귀족들도 서로 싸우느라 나라를 지키고 돌보지 않았어요.

간혹 충성스러운 신하들도 있었지만 의자왕은 그들을 옥에 가두거나 멀리 귀양을 보내 버렸어요. 의자왕의 곁에는 간신들만 붙어 있었지요.

신라와 당나라의 연합군이 쳐들어오자 백제의 왕과 귀족들은 어찌할 줄 모르고 우왕좌왕하고 있었어요. 그러는 사이에 적군은 이미 사비성으로 바짝 다가왔어요.

백제는 마지막으로 목숨을 걸고 싸울 5,000명의 결사대를 뽑아서 황산벌(지금의 충남 연산)로 보냈어요. 결사대의 대장은 계백 장군이었어요.

싸움터로 떠나는 날 아침, 계백은 가족들을 불러 모았어요.

"만약 우리가 이번 싸움에서 이기지 못하면 우리 가족은 모두 적의 노예가 될 것이다. 그렇게 부끄럽게 사는 것보다 차라리 지금 내 손에 죽는 게 낫다."

그의 아내와 자식들은 눈물을 흘리며 고개를 끄덕였지요. 계백은 곧 칼을 뽑아서 자신의 아내와 자식을 죽이고 우물 안에 집어 넣어 버렸어요. 아무래도 백제의 힘으로 신라와 당나라의 연합군을 물리칠 수 없으리라는 것을 뻔히 알고 있었던 거예요.

백제의 결사대는 황산벌에서 김유신이 이끄는 신라군과 만났어요.

"우리는 모두 나라를 위해 죽을 각오로 모인 사람들이다. 백제의 운명이 모두 우리에게 달려 있다."

백제의 병사들은 하나하나가 모두 있는 힘을 다해 싸웠어요. 한 명의 병사가 신라군 열 명과 싸워 이길 정도였어요.

5만 명이나 되는 신라군은 백제군에게 밀려 주춤거리고 있었어요. 그때

신라의 화랑 관창이 혼자서 백제군을 향해 말을 타고서 달려갔어요. 백제군은 관창을 사로잡았어요.

잡혀 온 관창을 보고서 계백이 말했어요.

"어린 나이에 나라를 위해 목숨을 아끼지 않는 용기와 충성심이 갸륵하구나. 아무리 적군이지만 죽이기에 아까우니 그냥 돌려보내도록 해라."

하지만 신라군에게로 돌아온 관창은 물 한 모금을 마시고는 곧바로 백제군을 향해 다시 돌진했어요. 이번에도 관창은 백제군에게 사로잡혔고 계백은 하는 수 없이 관창의 목을 쳤답니다.

관창뿐 아니라 화랑 반굴도 혼자서 백제군을 향해 뛰어들었어요. 그러자 신라의 병사들도 모두 힘을 얻어 다시 공격을 시작했어요. 싸움은 네 차례나 계속되었어요. 백제군은 힘이 다해 더는 싸울 수 없었어요. 결국 계백 장군을 비롯한 5,000명의 결사대가 모두 목숨을 잃었지요.

의자왕은 밤에 몰래 웅진성(지금의 공주 공산성)으로 달아나고 둘째 아들 태가 사비성을 지켰지만 사비성은 금세 신라군의 차지가 되었어요.

신라군이 사비성으로 들이닥치자 미처 달아나지 못했던 백제의 궁녀들이 신라군에게 쫓기기 시작했어요. 3,000명이나 되는 궁녀들은 더 이상 달아날 곳이 없어지자 그만 금강 절벽에서 뛰어내려 죽었지요. 아리따운 궁녀들이 떨어져 죽던 모습이 마치 꽃이 떨어지는 것과 같다고 하여 그 절벽을 낙화암이라고 한답니다.

사비성이 무너지고 나자, 660년 웅진성으로 달아났던 의자왕과 맏아들 효도 곧 항복을 했어요. 이렇게 해서 백제라는 나라는 없어지고 말았답니다. 당나라 장군 소정방은 의자왕과 왕자들, 신하, 백성 등 많은 백제 사람들을 끌고서 당나라로 돌아갔어요.

하지만 백제의 백성들은 쉽게 포기하지 않았어요. 신라와 당나라 연합군의 손에 넘어간 곳은 부여와 공주뿐이었고 나머지 지역에서는 백제를 다시 세우겠다는 싸움이 계속되었어요. 의자왕의 사촌 복신과 도침 스님, 흑치상지 장군 등이 이 싸움에 앞장섰지요. 이들은 일본에 건너가 있던 의자왕의 아들 풍을 데려다 왕으로 세웠어요. 그러고는 3년 동안 굳건하게 싸워 갔어요. 한동안은 백제의 힘이 더 강했던 적도 있었답니다. 일본에서도 백제를 돕기 위해 군대를 보내왔어요.

하지만 싸움을 이끌어 가던 사람들 사이에서 다툼이 일어난 틈을 타서 신라와 당나라는 맹렬한 공격을 퍼부었어요. 그 후 백제의 힘은 갑자기 약해지기 시작했어요. 663년, 백제를 다시 세우려는 싸움도 실패로 끝나고 말았어요.

"이기지 못할 싸움에 목숨을 걸다니 계백 장군이나 관창이나 모두 어리석어요."

현수는 여전히 이해할 수 없다는 듯이 고개를 흔들면서 말했어요.

"제 생각은 달라요. 당나라에 끌려간 의자왕보다는 끝까지 싸우다 죽은 계백 장군이 더 훌륭한 것 같아요. 그리고 그건 정말 큰 용기를 갖고 신중하게 결정해야 할 일인 것 같아요."

"나도 그렇게 생각해. 그런데 네가 목숨을 걸었던 일은 도대체 뭐야?"

준호의 말에 현아가 재빨리 끼어들어 다시 한 번 물어봤어요.

"내가 누군가의 비밀을 듣고 절대 말하지 않기로 목숨을 걸고 맹세했었는데 그만 말을 해 버렸단 말이야. 할아버지 말씀대로 마음을 다해 사과하고 다시는 맹세를 어기지 않을 거야."

준호는 이렇게 대답하고 입을 닫아 버렸어요. 궁금해서 안달이 나 있던 현아도 더 이상 묻지 못했지요.

삼국은 어떻게 통일되었을까

:: 고구려의 멸망과 삼국 통일

현아는 저녁을 먹은 뒤에 할아버지와 산책하러 나갔어요. 시험이 끝나서 마음이 가벼웠지요. 산책을 하다가 슈퍼마켓 앞에서 준호와 마주쳤어요. 준호는 도대체 무슨 생각에 빠져 있는지 불러도 듣지 못한 채 책만 쳐다보고 있었어요.

"준호야, 뭐하니? 앞을 보고 다녀야지. 걸으면서 책을 읽으면 위험해."

할아버지가 다가가 말을 걸자 준호는 그제야 정신을 차리고 고개를 들었어요. 그러더니 오늘도 어김없이 엉뚱한 소리를 했어요.

"할아버지, 제가 너무 하찮게 느껴져요."

할아버지는 근처의 아이스크림 가게에서 아이들에게 딸기 아이스크림을 사 주고 준호의 이야기를 들어 주셨어요.

"우주에 대한 책을 읽고 있는데 엄마가 우유를 사 오라고 했어요. 이 책에 보면 우주에는 은하계 같은 다른 은하가 수없이 많이 있대요. 지구로부터 비교적 가까운 거리인 300만 광년 거리 안에만도 20개가 넘는 은하가 있고, 처녀자리가 보이는 방향의 10도 사방에만 2,500개의 은하들이 무리 지어 있대요. 정말 어마어마하지 않아요? 그런데 저는 이렇게 상상할 수 없을 만큼 광대한 우주의 한 은하, 그중에 한 별, 그중에 한 구석에서 엄마 심부름이나 하고 있는 거예요. 저는 정말 하찮은 존재인 것 같아요."

현아는 어이없어했지만 그래도 할아버지는 진지하게 준호의 얘기를 들어 주셨어요.

"그래. 우주를 생각하면 인간은 먼지만큼이나 작고 보잘것없는 존재라는 생각이 들기도 하지. 역사 속에서도 마찬가지야. 하나의 인간은 역사의 흐름에 휩쓸려 가는 모래알처럼 의미 없고 무기력하게 보일 수도 있어. 며칠 전에 할아버지가 백제의 멸망에 대해 얘기해 준 적이 있지? 그럼 이번엔 고구려의 멸망과 삼국 통일의 소용돌이 속을 한번 들여다보자. 할아버지 얘기를 들으면서 그 역사의 소용돌이 속을 살다 간 사람들에 대해 생각해 봐."

아이들은 아이스크림을 먹으면서 할아버지의 얘기에 귀를 기울였어요.

6세기 중반 무렵부터 고구려는 왕의 힘이 약해지고 귀족들이 서로 권력을 잡겠다고 싸워서 국내 정치가 아주 혼란스러웠어요. 그 와중에 수나라와 연달아 큰 전쟁까지 치러야 했지요. 귀족들의 다툼을 끝내고 마지막으로 권력을 잡은 것은 연개소문이었어요. 642년, 연개소문은 영류왕을 죽이고 새로 보장왕을 세운 뒤 스스로 대막리지가 되어 고구려의 권력을 한 손에 쥐었어요.

당시 중국 대륙에서는 수나라의 뒤를 이은 당나라가 세력을 키우고 있었어요. 연개소문은 당나라에 맞서 싸우며 한 치도 물러서지 않으려 했어요. 결국, 당 태종이 직접 큰 군사를 이끌고 고구려를 침략했지만 안시성 전투에서 크게 패하고 돌아갔지요. 이후로도 당나라는 틈만 나면 고구려를 공격했지만 번번이 실패했죠. 그러나 그 사이 고구려의 국력도 많이 약해졌어요.

신라와 당나라의 연합군에게 백제가 멸망하고 나자 이제 다음 차례는 고구려였어요. 백제를 멸망시키고 난 다음 해에 신라와 당나라는 계획대로 고구려에 쳐들어갔어요. 먼저 당나라가 바다를 건너 고구려 침략을 시작했고, 신라에도 빨리 군대를 보내라고 재촉했어요.

하지만 고구려 정복은 그렇게 쉽지 않았어요. 고구려의 수도, 평양성을 연개소문이 굳게 지키고 있었기 때문이지요. 6, 7개월이나 싸움을 계속했지만 오히려 당나라 군사의 대부분이 목숨을 잃고 말았어요. 신라군도 마찬가지였어요. 김유신이 이끄는 신라군은 고구려군의 화살과 추위를 견디지 못하고 물러날 수밖에 없었어요.

당나라는 하루 빨리 고구려를 정복하고 싶어 안달이 났어요. 당나라는 처음부터 백제보다는 고구려를 정복하고 싶어 했거든요. 수나라 때부터 당나라에 이르기까지 수없이 고구려를 침략했지만 번번이 실패했던 원한을 풀고 싶었던 거지요.

그런데 얼마 후 고구려 내부가 무척 혼란스러워졌어요. 665년, 24년 동안이나 정권을 잡고 있던 연개소문이 죽었기 때문이지요. 그가 죽고 나자 누가 뒤를 이어 권력을 잡을 것인지를 놓고 다툼이 일어났어요.

맏아들 남생이 지방에 내려간 틈을 타서, 둘째 아들인 남건이 형의 아들을 죽이고 권력을 빼앗았어요. 동생에게 쫓겨난 남생은 당나라를 돕기로 했지요. 엎친 데 덮친 격으로 이번에는 연개소문의 동생, 연정토가 신라로 갔어요. 그는 고구려의 12개 성을 신라에 넘겨주었어요.

이때를 틈타 당나라와 신라는 고구려를 침략했어요. 667년, 당나라의 수많은 군대가 고구려로 밀려왔고, 곧 신라군도 힘을 합쳤어요. 신라는 문무왕이 직접 군대를 이끌고 왔지요.

힘세기로 유명했던 고구려군도 지배층이 갈라져 싸우자 맥없이 무너지기 시작했어요. 당나라 편으로 돌아선 남생은 당나라군의 길잡이가 되어 앞장서 쳐들어왔어요. 그러니 고구려군이 잘 싸울 수가 없었겠지요?

당나라 군대는 거침없이 만주의 여러 성을 차지하고서 압록강을 건너왔어요. 남쪽에서는 신라군이 평양성을 향해 올라왔어요. 평양성은 당나라군과 신라군에게 둘러싸였지요.

평양성은 그래도 1년 동안 무너지지 않았어요. 남건은 성문을 굳게 닫고 끝까지 버텼어요. 하지만 고구려 군대의 우두머리였던 신성이라는 스님이 몰래 적과 손을 잡고서 성문을 열어 적군이 들어오도록 도왔어요.

668년, 중국과 힘을 겨루며 찬란한 역사를 지켜 온 고구려는 결국 멸망하고 말았어요. 당나라는 고구려를 멸망시킨 뒤 평양에 안동 도호부라는 당나라의 관청을 설치했어요. 군대도 2만 명이나 두어 고구려를 다스리려 했지요.

하지만 고구려가 완전히 멸망한 건 아니었어요. 평양성의 고구려왕은 항복했지만 다른 성들은 항복하지 않고 당나라 군대에 맞서 싸움을 계속하고 있었으니까요. 당나라 군대가 점령한 곳에서도 당나라 군대를 몰아

내고 나라를 되찾기 위한 싸움이 끊이지 않았어요.

그러자 당나라는 고구려 사람들의 저항을 억누르려고 사람들을 억지로 당나라에 끌어갔어요. 당나라에 반대하는 사람들을 골라서 당나라 땅으로 이사하게 한 것이지요.

고구려를 되찾으려는 운동은 끈질기게 이어졌어요. 검모잠은 옛 고구려 군사들을 모아 여러 번 당나라 군대를 공격했고, 황해도 한성에 자리를 잡고 고구려의 왕족인 안승을 데려와 왕으로 모셨어요. 그러나 검모잠과 안승 사이에 의견이 맞지 않아 결국 안승이 검모잠을 죽이고 신라로 가 버렸어요. 그는 신라에서 문무왕의 조카와 결혼해 살면서 신라가 고구려 사람들을 다스리는 데 많은 도움을 주었어요.

검모잠의 죽음 뒤 나라를 되찾으려는 고구려 사람들의 싸움도 차츰 사그라지고, 고구려는 완전히 사라졌어요.

한편, 백제와 고구려를 멸망시켜 삼국을 통일한 신라 앞에는 또 다른 전쟁이 기다리고 있었어요. 신라와 당나라는 동맹을 맺을 때 한 가지 약속을 했었어요.

"백제와 고구려를 쳐서 이기고 나면 평양 북쪽의 땅은 당나라가 차지하고 그 남쪽의 땅은 신라가 차지하는 것으로 합시다."

하지만 정작 고구려까지 무너뜨리고 나자 당나라는 약속을 지키지 않았어요. 옛 고구려와 백제의 땅은 물론이고 신라까지 차지하려 했지요.

당나라는 백제 땅에는 웅진 도독부 등 5개의 도독부를 두고 고구려 땅에는 9개의 도독부를 두어 당나라 장군이 직접 다스리게 했을 뿐 아니라 신라를 계림 도독부라고 불렀어요. 그러니까 신라도 당나라의 일부분이고 신라의 왕은 계림 도독부의 우두머리가 된 것이에요.

또 얼마 후에는 백제 의자왕의 아들 부여웅을 데려다 웅진 도독부의 우두머리를 삼았어요. 그러고는 신라의 문무왕과 부여웅을 화해시키고 서로 침략하지 않겠다는 약속을 하게 했어요. 당나라의 힘을 빌려 백제 땅을 차지하려던 신라의 꿈은 여지없이 깨져 버렸지요.

그뿐 아니었어요. 평양의 안동 도호부를 다스리는 당나라 장군이 신라와 백제까지도 감시하고 다스리게 했어요. 이렇게 되자 신라 사람들은 화가 머리끝까지 치밀었어요.

"이렇게 분한 일이 어디 있단 말인가. 우리 신라는 왕까지 직접 나서서

당나라를 도와 전쟁을 했는데. 이제 와서 당나라가 한반도를 송두리째 차지하려 들다니 도둑이 따로 없군."

신라는 곧 당나라와 전쟁을 할 준비를 했어요.

먼저 고구려에서 넘어온 안승과 그를 따라온 고구려 사람들에게 땅을 내어주고 안승을 고구려 왕으로 삼았어요. 이렇게 해서 고구려 사람들을 자기편으로 끌어들일 수 있었지요. 한편으로는 옛 백제 땅에 대한 공격도 시작했어요.

신라의 군대는 이곳저곳에서 당나라 군대를 무찌르고 차츰 옛 백제와 고구려 땅을 차지해 갔어요. 이즈음 당나라는 국내 사정이 좋지 않아져서 더 이상 한반도에 힘을 쏟을 수 없게 되었어요. 결국 당나라는 후퇴를 결정하고 말았지요.

676년, 당나라는 안동 도호부를 평양에서 요동성으로 옮겼어요. 이제 대동강에서 원산만 남쪽의 땅은 모두 신라의 차지가 되었지요. 신라는 비록 고구려의 옛 땅을 모두 다 되찾지는 못했지만 삼국을 통일했을 뿐만 아니라 당나라를 몰아내고 국가의 독립을 지킬 수 있었어요.

"예를 들어 신라 문무왕과 함께 고구려를 공격하러 갔던 병사들은 어떤 사람들이었을까 생각해 봐. 이 사람들 하나하나도 사랑하는 사람들과 이별을 하고 두려움과 희망을 동시에 안은 채 길을 떠났겠지. 가는 길은 힘들었을 거야. 전쟁터는 어땠을까? 평양성을 코앞에 두고 죽은 신라 병사는 얼마나 안타까웠을까? 이런 것들을 상상해 보렴. 평양성 앞에서 죽은 이름 모를 신라 병사 한 사람처럼 역사책에 이름이 남아 있지는 않지만 그 시대를 살았던 수많은 이들의 삶이 모여서 역사가 된 거지."

"하지만 삼국 통일이라는 것도 어마어마한 우주 속에서는 정말 하찮은 일에 불과하잖아요."

할아버지 얘기를 듣던 준호가 여전히 우울한 목소리로 말했어요.

"할아버지는 인간 한 사람 한 사람이 광대한 우주, 유구한 역사와 똑같이 소중하다고 생각한단다. 왜냐하면 인간은 느끼고, 생각하고, 기억하고, 꿈꿀 수 있기 때문이야. 우주가 아무리 광대하다고 해도 느끼고, 생각하고, 기억하고, 꿈꾸는 존재가 없다면 무슨 의미가 있겠니?"

할아버지 말씀에 준호가 살짝 고개를 끄덕였어요. 현아는 알 듯 모를 듯 했지만 준호보다 크게 고개를 끄덕여 버렸어요. 더 이상 할아버지 말씀을 듣고 있으면 머리가 아파질 것 같았거든요.

나는 고구려의 왕이다

:: 고구려의 뒤를 이은 발해

오늘은 현아가 할아버지와 함께 준호네 집에 놀러 갔어요. 준호 방을 들여다보니 방 안에 신문지가 산더미처럼 쌓여 있었어요.

"도대체 이게 다 뭐야?"

"난 역사가가 될 거거든. 그래서 신문을 모아 놓은 거야. 우리가 살고 있는 이 시대도 미래에는 역사가 될 거잖아. 그러니까 이 신문들도 미래에는 역사책이 될 거라고."

준호는 방바닥에 널려 있는 신문지를 주섬주섬 치워서 현아에게 앉을 자리를 마련해 주었어요.

"오늘날의 일들을 역사책으로 쓰려면 몇십 년은 지나야 할 텐데 그렇게 오랫동안 신문을 모아 놓으려면 아무래도 방이 좁겠다."

현아가 준호의 방을 둘러보며 걱정스럽게 말했어요.

"그럼 어떻게 하는 게 좋을까? 그렇지 않아도 엄마가 매일 내다 버리라고 잔소리를 하시거든."

"스크랩을 해 놓으면 어떨까? 중요한 기사만 모아서 보관하고 나머지는 버리는 거야."

현아의 제안에 따라 준호와 현아는 신문의 중요한 기사들을 오리기 시작했어요. 하지만 둘의 의견이 맞지 않아서 쉽지 않았지요.

"농구 선수 인터뷰 기사가 역사책에 왜 들어가야 하는데? 이것보다는 오히려 텔레비전에서 새로 드라마를 시작했다는 기사가 더 중요하지."

"무슨 소리야? 이 사람은 아주 유명한 선수란 말이야. 이 선수가 팀을 옮기는 건 정말 역사적인 일이야."

현아와 준호가 큰소리를 내자 할아버지께서 오셨어요.

"역사는 꾸며 낸 이야기가 아니라 사실을 기록한 것이지. 하지만 하루하루 일어나는 수많은 일들 중 어떤 것을 어떤 식으로 기록하느냐는 역사가의 몫이야. 현아와 준호가 같은 신문을 놓고 중요하다고 생각하는 기사가 서로 다르듯이 말이야. 그냥 내 맘에 드는 사실들을 골라낸다면 역사라고 할 수 없겠지. 각각의 사실들이 서로 어떻게 연관되어 하나의 흐름을 형성하는지 파악하고 그것을 해석해 낼 수 있어야 해. 이런 것이 역사가가 해야 할 일인 거야. 예를 들어 발해의 역사는 역사가에 따라 바라보는 시각이 다르단다."

할아버지는 우선 발해가 어떤 나라였고, 어떤 역사를 가졌는지부터 설명해 주셨어요.

신라가 삼국을 통일하고 당나라를 몰아낸 다음의 일이에요. 신라의 영토는 대동강에서 원산만 남쪽뿐이었기 때문에 그 나머지 고구려 땅은 당나라의 차지가 되었지요.

신라에게 쫓겨 안동 도호부를 요동성으로 옮긴 당나라는 고구려의 마지막 왕인 보장왕을 요동 도독부의 우두머리로 임명했어요. 고구려 사람들이 나라를 되찾겠다는 싸움을 하지 않도록 달래기 위해서였지요. 그리고 많은 고구려 사람들을 중국 땅으로 옮겨 가 살게 했어요.

그즈음, 요동 지방의 조양(영주)이라는 곳에서 이진충이 당나라에 반대하는 전쟁을 일으켰어요. 이진충은 거란 사람이었는데, 난을 일으키자마자 곧 죽고 말았지요. 하지만 그를 따르던 군대는 싸움을 계속했어요. 당나라는 돌궐의 도움까지 받아서 1년 만에 겨우 이진충의 군대를 물리칠 수 있었지요.

그 사이 요서 지방의 고구려 사람들과 말갈족들이 당나라의 감시를 뚫고 달아날 수 있었어요. 요서 지방에 살고 있던 고구려인은 대부분 고구려가 멸망할 때 당나라로 끌려와 억지로 그곳에서 살던 사람들이었어요. 말갈 사람인 걸사비우와 고구려 사람인 걸걸중상이 앞장서서 사람들을 이끌고 조양을 빠져나갔던 것이에요.

이 소식이 전해지자 당나라는 군대를 보내서 도망간 고구려인과 말갈인들을 뒤쫓기 시작했어요. 먼저 말갈인들이 당나라 군대에게 붙잡혔어요. 싸움 끝에 말갈족의 우두머리인 걸사비우가 당나라 군대에게 죽게 됐어요. 그 사이 고구려인들을 이끌던 걸걸중상도 병으로 세상을 떠났기 때문에 그의 아들 대조영이 무리를 이끌고 있었어요. 고구려인들뿐 아니라 살아남은 말갈인들도 그를 따랐어요. 대조영은 용맹할 뿐 아니라 군사들을 지도하는 데도 뛰어났기 때문에 누구나 그를 믿었지요.

대조영은 당나라 군대를 무찌르고 남만주의 동모산(길림성 부근)에 새로 나라를 세웠어요. 698년에 세워진 이 나라의 이름은 진이었지요.

진나라에는 옛 고구려 사람들과 말갈 사람들이 함께 살고 있었어요. 하지만 나라를 다스리는 높은 사람들은 모두가 고구려 사람들이었고, 말갈인은 고구려인의 지배를 받았어요. 진나라 사람들은 자기들을 고구려의 뒤를 잇는 나라라고 했어요. 다른 나라에 문서를 보낼 때도 고구려 국왕이라 썼지요. 30여 년간 잃어버린 나라를 되찾으려고 끈질기게 싸워 온 고구려인들이 피눈물로 이룬 성과였어요.

진나라의 국력이 커지자 당은 713년에 하는 수 없이 진나라로 사신을 보냈어요. 사신은 이렇게 말했지요.

"진나라의 왕, 대조영을 발해군왕에 임명합니다. 발해와 우리 당나라는 서로 도우며 평화롭게 지내도록 합시다."

이제 당나라도 진나라를 하나의 국가로 인정해 준 것이지요. 이때부터 진나라는 발해라는 이름으로 불리게 되었어요.
　719년, 발해를 건국한 대조영이 세상을 떠났어요. 뒤를 이어 그의 아들, 대무예가 왕이 되었지요. 그가 발해의 두 번째 왕인, 무왕이랍니다.
　나라가 안정되고 군사력이 커지자 무왕은 영토를 넓히는 데 주력했어요. 당시 쑹화 강(송화강) 근처에는 흑수말갈이 자리를 잡고 있었어요. 무

왕은 동생 대문예에게 말갈을 공격하라고 명령했어요. 그런데 대문예는 말갈을 공격하는 대신 당나라로 달아나 버렸지요. 그러자 무왕은 군사를 보내 당나라의 산둥 반도를 공격해 큰 승리를 거뒀어요.

3대 문왕 때에 이르러 발해는 도읍을 상경으로 옮기고 외교에 힘을 쏟았어요. 당나라의 문화를 받아들이려고 애썼고, 바다 건너 일본과도 좋은 관계를 유지했어요. 주변의 여러 나라에 사신을 보냈고 무역도 활발하게 이루어졌어요. 신라와는 서로 경계를 늦추지 않았지만 그렇다고 왕래가 전혀 없었던 것은 아니었어요.

그 후 발해는 926년까지 229년 동안 만주 지역의 큰 국가로 우뚝 서 있었어요. 특히 10대 선왕 때에는 고구려의 옛 영토를 넘어서서 오히려 연해주 지역으로 더 뻗어 나갔어요. 이 시기에는 문화도 크게 발전해서 해동성국이라는 이름을 얻을 정도였지요.

발해는 고구려의 문화를 바탕으로 당나라의 문화를 더해 발해만의 독특한 문화를 만들었어요. 발해의 문화는 만주 지역뿐 아니라 일본으로 전해지기도 했어요.

발해를 멸망시킨 것은 거란이었어요. 거란은 원래 몽골 동쪽에 살던 민족인데 당나라가 망하고 중국이 혼란스러운 틈을 타서 힘을 키우고 나라를 세웠지요. 나라를 세운 다음 거란은 곧 동쪽으로 영토를 넓히려 했어요. 하지만 그때, 발해의 높은 사람들은 이런 사정은 모른 채 서로 권력을 차지하겠다고 싸움만 하고 있었어요.

　발해는 순식간에 거란에게 넘어가고 말았어요. 발해가 망한 뒤 거란은 발해의 이름을 동단국으로 고치고 거란의 왕자를 데려다 왕으로 삼았어요. 나라가 망하자 발해 사람들 중 많은 수는 고려로 넘어왔어요. 그리고 일부는 만주 지역에 남아서 발해를 다시 일으키기 위한 노력을 계속하기도 했어요. 정안국, 올야국, 흥요국, 대발해국 등 발해의 뒤를 잇겠다는 나라들이 세워졌지만 모두 큰 성과를 얻지는 못했어요.

　결국 발해가 멸망한 뒤 우리 민족은 압록강과 두만강 북쪽으로 더 나아가지 못했고, 고구려에서 발해로 전해 내려온 역사와 문화도 맥이 끊어져 버렸어요.

"발해를 우리 민족의 역사에 포함시키지 않는 역사가들은 신라가 삼국을 통일함으로써 우리 민족 최초의 단일 국가가 세워졌다고 봤어. 그래서 이 시기를 통일 신라 시대라고 불렀지. 하지만 최근에는 발해도 우리 민족 역사의 일부이기 때문에 이 시기는 남쪽에 신라, 북쪽에 발해라는 두 개의 나라가 함께했던 남북국 시대라고 보는 것이 일반적이란다."

"왜 발해를 우리 민족의 역사에 포함시키지 않았던 거죠?"

할아버지의 설명을 듣고 준호가 물었어요.

"『삼국사기』가 신라를 중심으로 쓰여 있고, 발해는 별 비중 없이 다뤄 놓았기 때문이야. 『삼국사기』는 고려 때 김부식 등 유학자들이 쓴 역사책이야. 지금까지 전해지는 우리나라 역사책 중에서 가장 오래된, 그것도 나라에서 주관해서 펴낸 역사책이지. 그런 의미에서 『삼국사기』는 아주 귀중한 자료란다. 하지만 당시 삼국의 역사를 정리한 사람들은 우리 쪽 자료가 적었기 때문에 중국의 자료에 많이 의존해 있다는 한계가 지적되기도 한단다."

할아버지의 말씀이 끝난 뒤 현아와 준호는 다시 신문을 들여다보며 아까보다 훨씬 더 신중하게 어떤 기사를 모아둘지 결정했어요.

신라의
빛과 그림자

:: 신라 문화의 발전과 쇠퇴

"할아버지, 섬을 하나 사려면 돈이 얼마나 있어야 하죠?"

토요일 오후에 할아버지와 장기를 두던 준호가 뜬금없이 물었어요.

"그야 어떤 섬이냐에 따라 다르지 않겠니?"

"부자들 중에는 섬을 통째로 갖고 있는 사람도 있다면서요? 사람이 백 명쯤 모여 살 만한 섬을 사려면 얼마나 들까요? 저는 이다음에 돈을 많이 벌어서 섬을 하나 살 거거든요. 그 섬에다 모든 사람들이 꿈꾸는 낙원을 만들 거예요."

준호가 장기 알을 든 채 꿈을 꾸듯이 말했어요.

"준호가 생각하는 낙원은 어떤 곳인데?"

"일단 섬 전체를 아름다운 정원으로 가꿀 거예요. 큰 연못도 만들고, 섬 전체에 좁은 수로를 팔 거예요. 물건을 옮길 일이 있으면 뭐든 그 수로에 띄우면 되게요. 지붕이 멋지고 창이 많은 집을 지을 거고요. 그리고 섬에서는 동물들을 가둬 두지 않고 모두 풀어놔서 자유롭게 돌아다니게 할 거예요. 연못에는 물고기도 많이 기를 거고요. 아참, 그리고 연못 가운데에는 섬을 만들고 섬에는 정자를 지을 거예요."

준호가 얘기에 정신이 팔려 있는 동안 장기는 이미 할아버지의 승리로 끝나 버렸어요. 하지만 준호는 여전히 낙원을 만들 꿈에 부풀어 있었지요.

"준호 얘기를 듣다 보니 임해전, 안압지, 포석정 같은 신라의 유적지가 생각나는구나. 임해전은 왕이 잔치를 열 때 쓰던 별궁으로 보이는데, 지금은 그 터만 남아 있단다. 그리고 임해전 정원의 연못이 안압지인데, 안압지에는 크고 작은 세 개의 섬이 있었고, 진귀한 동물이나 물고기를 길렀다는 기록도 있지. 이것도 역시 터만 남아 있는데, 연못 바닥에서 귀중한 유물이 많이 나오기도 했어. 포석정은 경주 남산 기슭에 있는 구불구불한 수로야. 산에서 내려오는 물을 돌로 만든 거북이 받아서 토해 내면, 이 물이 돌로 만든 구불구불한 수로를 따라 길쭉한 원을 그리며 돌다가 되돌아오도록 설계되어 있지. 이곳은 왕이 수로에 술잔을 띄워 놓고 시를 읊으며 놀았던 곳으로 알려져 있지만, 제사를 지내던 곳이었을 가능성도 있다고 하는구나."

"와! 제가 그리던 낙원의 모습과 정말 비슷하네요."

준호가 놀라워했어요.

"그럼 신라가 낙원이었던 건가요?"

이번에는 현아가 물었어요.

"왕족이나 일부 귀족들은 아주 화려한 생활을 했던 게 사실이지. 하지만 왕족이나 귀족들이 호화로운 생활을 하기 위해서는 많은 평민이나 노예들의 희생이 필요했단다."

할아버지는 계속해서 삼국 통일 후 신라에 대해 설명하셨어요.

신라는 골품제라는 신분 제도를 갖고 있었어요. 골품제는 사로국의 6부에서 시작된 신라가 점점 세력을 넓혀 가며 주변을 아우르는 과정에서 비롯된 제도예요. 정복한 작은 나라들의 지배층을 신라 내부로 끌어들이려면 알맞은 신분을 정해 주어야 했죠.

골품제의 골제는 왕족을 구분하기 위한 것으로, 성골과 진골로 나뉘어요. 성골은 왕이 될 가장 높은 신분이고, 진골도 역시 왕족으로서 높은 관직을 차지할 수 있었어요. 성골의 맥은 진덕 여왕에서 끊어지고, 태종 무열왕부터는 진골 출신이 왕이 되었어요.

왕족이 아닌 사람들의 신분을 정해 둔 것은 두품제인데, 가장 높은 신분인 6두품부터 1두품까지로 나누어져요. 4두품까지는 관리가 될 수 있는 신분이었고, 3두품 이하는 평민이었지요.

신라에서는 골품에 따라 혼인할 수 있는 사람, 집의 규모, 심지어 입는 옷까지 차등을 두었어요. 오를 수 있는 관직도 정해져 있었어요.

신라는 관리들의 등급을 17개로 나눴는데, 그중 다섯 번째 등급까지는 진골만이 될 수 있었어요. 그러다 보니 신분이 낮은 사람들의 불만이 끊이지 않았어요.

삼국을 통일한 한 뒤 신라는 갑자기 3배로 커진 나라를 제

대로 다스리기 위한 여러 가지 조직과 제도를 갖춰 갔어요. 신문왕은 중앙에서 나라의 일을 돌볼 부서를 가다듬고, 지방을 효과적으로 다스리기 위해 9개의 주로 나누었어요. 중요한 곳에는 다섯 개의 소경(小京)을 두어 특별히 관리했지요.

이때부터 100여 년간 신라는 평화로운 가운데 화려한 귀족 문화를 꽃피웠어요. 인구는 늘어나고 농경지도 새로 개간되었으며, 시장이 만들어져서 상업 활동도 활발했어요. 명주와 금은 세공품, 나전 칠기, 죽기 등의 수공업품도 많이 생산되어 일본이나 당나라에 수출되고, 외국의 귀한 물건들이 수입되기도 했어요.

경덕왕 때 경주에 지은 불국사는 신라인들이 꿈꿨던 부처의 나라를 표현하고 있어요. 불국사는 원래 방이 200개나 되는 커다란 절이었는데 임진왜란 때 불타 버리고 정문과 구름다리, 석가탑, 다보탑 등만 남게 됐어요. 불국사의 예술품들은 아름다움의 극치를 이루는 우리의 자랑스러운 문화재예요.

굴을 만들어 그 속에 부처님을 모신 석굴암도 같은 시기에 만들어졌어요. 석굴암은 돌을 끼워 맞춰 만든 인공 굴로 그 안에는 여러 불상들이 아침마다 동해로 떠오르는 햇빛을 받아 찬란하게 빛나고 있어요.

신라의 불교는 국가의 신앙으로서 백성들이 국가에 충성할 수 있도록 이끄는 역할을 해 왔어요. 그러나 삼국 통일 이후의 신라 불교는 차차 개인을 위한 종교로 변하면서 삼국 시대와는 다른 여러 가지 불교 문화가 꽃피었어요. 또 스님들이 직접 인도에 가서 불경을 공부하고 오기도 했고, 원효 대사 같은 훌륭한 스님들도 나왔어요.

한편, 찬란한 신라의 문화는 경주의 일부 귀족들만 누릴 수 있었어요. 귀족들이 풍요로워질수록 세금을 부담하고 군대에 가거나 나라의 큰 공사 등에 동원되어 일해야 하는 평민들의 생활은 오히려 더 궁핍해졌어요. 땅을 잃고 노비로 전락하거나 견디다 못해 자기 땅을 버리고 도망치는 농민들이 늘어 갔지요.

신라의 여러 문제점들이 표면으로 드러나기 시작했던 9세기 초에 나타

난 인물이 장보고예요. 장보고는 당나라로 건너가 그곳에서 군인으로 이름을 떨쳤었는데, 어느 날 당나라의 관직을 버리고 신라로 돌아왔어요.

"폐하, 지금 신라의 백성들이 어떤 고통을 당하고 있는지 아십니까? 저는 당나라에서 해적들에게 잡혀 와 비참한 생활을 하는 신라인들을 많이 보았습니다. 더 이상 신라의 백성들이 해적들에게 시달리지 않도록 제게 군사의 지휘를 맡겨 주십시오."

흥덕왕을 찾아온 장보고가 간곡히 청했어요. 흥덕왕은 장보고의 청을 받아들여서 청해진이라는 군사 기지를 설치하고 장보고를 청해진 대사로 임명했어요. 청해진은 지금의 완도에 만들어졌지요. 배 만드는 기술과 항해술이 뛰어났던 신라는 곧 청해진을 중심으로 중국, 신라, 일본을 연결하는 동남아시아의 해상 왕국이 되었어요.

이즈음 신라의 진골 귀족들은 왕의 자리를 놓고 연일 싸움을 벌이고 있었어요. 150여 년 동안 20번이나 왕이 바뀔 정도로 정치는 어수선하기만 했고, 왕의 권위는 땅에 떨어졌지요. 바다에서 힘을 키운 장보고는 중앙 정치에도 개입하다가 뜻대로 되지 않자 반란을 일으켰어요.

장보고뿐 아니라 군사력을 앞세운 지방 세력들이 여기저기서 힘을 키워 왕을 위협했어요. 신라는 이제 껍데기만 남은 상태였어요.

"천 년 왕국, 신라는 이렇게 해서 멸망의 길로 들어선 거야. 그러니까 낙원은 겉으로 보이는 모습이 아니라 그 안에 사는 사람들이 얼마나 행복한가에 달려 있는 거지. 준호가 낙원을 꿈꾸는 것은 좋은데, 이왕이면 그 낙원이 어떻게 만들어지고 유지될 수 있는지에 대해서도 고민해 봤으면 좋겠구나."

할아버지가 말씀하셨어요.

"노예도 없고, 귀족도 없고, 다 같이 아름다운 문화를 즐기려면 로봇을 만들어야 할 것 같아요. 노예나 농민 대신 일을 해 줄 로봇 말이에요. 그럼 사람들은 모두 함께 모여서 안압지나 포석정에서 즐겁게 놀 수 있을 것 아니에요? 그러니까 저는 아무래도 로봇 과학자가 되어야겠어요."

이렇게 해서 오늘도 준호의 장래 희망이 하나 더 늘어났어요.

궁예, 견훤, 그리고 왕건

:: 후삼국을 통일한 고려

오늘은 현아네 친척 오빠 결혼식이 있어서 가족이 다 함께 결혼식장에 갔었어요. 피로연에서 맛있는 음식을 먹다가 오늘도 어김없이 준호가 엉뚱한 말을 해서 어른들을 놀라게 했죠.

"저는 이다음에 커도 결혼은 못 할 것 같아요."

"그래. 우리 아들은 다섯 살 때 이미 엄마랑 결혼하기로 약속했으니까 다른 여자랑 결혼하면 안 되지."

"어? 고모하고도 결혼하기로 약속했어요? 유치원 때는 나랑 결혼하기로 했었는데……. 순 바람둥이잖아."

준호 엄마와 현아가 함께 놀려 댔지만, 준호는 여전히 심각했어요.

"도대체 어른들은 어떻게 평생 함께 살 사람을 결정할 수가 있죠? 나중에 마음이 변하면 어떻게 해요?"

"이혼하면 되잖아. 이혼하고 다시 더 좋은 사람이랑 결혼하면 되지."

이번엔 현수가 아무렇지도 않게 말했어요.

"이혼이 그렇게 단순한 문제인 줄 아니? 부모님이 이혼하면 그 아이들은 얼마나 상처를 받는데. 그러니까 애초부터 결혼이라는 것을 하지 말아야 해."

준호가 갑자기 흥분해서 말했어요.

"결혼식 피로연 자리에서 할 만한 얘기는 아닌 것 같구나. 그런데 준호는 도대체 왜 그런 생각을 하게 된 거니?"

할아버지가 목소리를 잔뜩 낮춘 채 말했어요.

"저번에 제가 맹세를 못 지켰다고 한 적 있잖아요. 그게 사실은 제 친구 부모님이 이혼하셨다는 거였어요. 그 얘기를 아무한테도 하지 않기로 하고서 다른 친구한테 해 버렸거든요. 지금은 모두 다 알게 돼서 비밀도 아니지만 말이에요."

현아는 얼마 전에 준호가 목숨을 걸었으니 죽어야 하는 거냐며 고민하던 문제가 무엇인지 이제야 알게 됐죠.

"지금처럼 한 남자와 한 여자가 만나 아이들을 낳아 키우며 살아가는 결혼 제도가 완성된 것은 얼마 되지 않았어."

"옛날에는 한 남자가 여러 명의 아내를 둘 수 있었죠?"

할아버지 말씀에 현수가 끼어들어서 아는 체를 했어요.

"그래. 하지만 그건 유교의 영향을 받았던 조선 시대 얘기일 뿐이야. 조선 시대에는 여자가 재혼을 하는 것조차 금지했었지. 그런데 그 이전으로 거슬러 올라가면 혼인 제도에서 남녀 간의 차별이 그렇게 심하지는 않았단다. 또 지금의 우리 기준으로 봤을 때는 아주 당황스러운 혼인 풍습도 많았어. 고구려에서는 형이 죽으면 동생이 형수와 결혼하는 풍습이 있었고, 고려나 신라에서는 친척 간에 결혼을 하는 경우도 많았어. 왕족은 혈통을 지키기 위해서 일부러 가까운 친척끼리만 결혼을 시키기도 했지. 왕이나 귀족들의 결혼에는 그만큼 정치적 의미가 컸던 거야. 예를 들어 고려를 건국한 왕건은 왕비가 여섯 명이나 되고, 왕비는 아니더라도 부인으로 맞아들인 여자는 스물세 명이나 됐어."

계속해서 할아버지는 후삼국과 고려에 대한 이야기를 해 주셨어요.

10세기 무렵 신라 땅 여기저기서 신라에 반대하는 전쟁이 벌어졌어요. 원종, 양길, 견훤 등이 그 대장이었지요. 신라에 반대하는 사람들은 점점 늘어났고 힘도 세졌어요.

이들 중 견훤과 궁예는 따로 나라를 세우기까지 했어요. 견훤은 백제의 뒤를 잇는 후백제를 세웠고, 궁예는 고구려의 뒤를 잇는 후고구려를 세웠어요. 이렇게 해서 통일 신라는 후백제, 후고구려, 신라의 세 나라로 다시 갈라졌어요. 이 시기를 후삼국 시대라고 해요.

송악 지방의 호족이었던 왕건은 처음에 궁예의 부하로 들어갔어요. 호

족은 신라 말부터 고려 초까지 각 지방에서 세력을 갖고 있던 사람들이에요. 이들은 고려 건국의 중심이 되었지요.

  왕건은 군대를 이끌고 여러 싸움에서 큰 공을 세웠어요. 그러던 중 궁예는 차츰 나라를 자기 멋대로 다스리며 함부로 신하들을 죽이는 등 행패를 부렸어요. 결국 후고구려의 호족들은 힘을 모아 궁예를 쫓아내고, 왕건을 왕으로 뽑았어요. 왕이 된 왕건은 나라의 이름을 고려라고 고쳤어요. 고려는 고구려의 뒤를 잇는 나라라는 뜻이지요. 이렇게 해서 왕건은 고려의 첫 번째 왕인 태조가 되었어요.

왕건은 먼저 신라와 친하게 지내는 한편, 여러 호족들을 자기편으로 끌어들이려고 애썼어요. 후백제에게 시달리던 신라도 고려에 기대려 했지요. 이런 눈치를 챈 후백제의 견훤은 신라와 고려가 손을 잡기 전에 한발 앞서 신라를 공격했어요. 견훤은 경주까지 쳐들어가서 신라의 경애왕을 붙잡았어요.

"경애왕, 당신이 감히 우리 후백제를 따돌리고 고려와 손을 잡으려 하다니 당장에 목을 쳐 버리겠소."

견훤은 경애왕을 윽박질렀어요. 경애왕은 결국 스스로 목숨을 끊을 수밖에 없었지요. 견훤의 군대는 신라 궁궐을 뒤져서 값비싼 보물은 모조리 빼앗고 신라의 신하를 포로로 잡아 데리고 돌아갔어요.

후백제가 신라를 공격했다는 소식을 들은 왕건은 서둘러 군대를 이끌고 경주로 향했어요. 후백제와 고려의 군대는 팔공산에서 마주쳤어요. 이 싸움에서 고려는 큰 피해를 당하고 쫓겨 왔어요. 장군들은 죽고 왕건도 겨우 몸만 빠져나갈 수 있었지요.

경애왕의 뒤를 이은 신라의 경순왕도 후백제와 대립하고 고려와 가깝게 지냈어요. 경순왕은 왕건을 신라로 초청하기도 했어요. 왕건은 낙동강 서쪽 지역에 군대를 보내 후백제가 신라를 침략하는 것을 막으려 했어요. 반면에 견훤은 어떻게 해서든 고려군을 물리치고 동쪽으로 나아가려고 애를 썼지요. 그러다 보니 고려와 후백제는 쉴 새 없이 싸움을 벌였어요.

처음에는 후백제의 군대가 더 강했기 때문에 고려군이 밀리는 듯했어요. 하지만 930년경부터는 차츰 고려의 힘이 커져 상황은 역전됐어요.

더구나 그때 후백제에서는 왕자들이 왕의 자리를 넘보며 싸우고 있었어요. 견훤에게는 아내가 여러 명 있었고, 아들도 10명이나 있었어요. 견훤은 많은 아들 중에서도 셋째 아들, 금강을 가장 귀여워했지요.

"내 아들들 중에서 네가 가장 똑똑하고 늠름하구나. 너는 장차 내 뒤를 이어 후백제를 다스리도록 해라."

그러자 또 다른 아들인 신검과 양검은 자기들의 군대를 이끌고 아버지 견훤을 공격했어요. 견훤은 금산사에 갇히고 금강은 형제들의 손에 죽었어요.

쫓겨난 견훤은 이를 갈면서 금산사를 빠져나가 고려로 향했어요. 견훤이 온다는 소식을 들은 왕건은 춤이라도 출 듯이 기뻐했어요. 적의 왕이 제 발로 걸어 들어오니 이제 싸움은 이긴 것이나 마찬가지였지요. 왕건은 견훤을 맞아들여서 극진히 대접했어요. 높은 벼슬도 주고 땅도 주었어요. 그러자 이번에는 견훤의 사위가 고려의 편에 서겠다고 알려 왔어요.

936년, 왕건은 견훤을 대장에 임명해서 10만 대군을 이끌고 후백제를 공격하게 했어요. 후백제는 전쟁에 지고 신검은 항복을 했어요. 견훤이 나라를 세운 지 겨우 45년, 후백제가 건국된 지 37년 만의 일이었지요.

고려군은 신검을 묶어서 끌고 돌아왔어요. 왕건은 신검을 보자 따뜻하

게 위로하고 높은 벼슬을 주었어요.

"그동안 고생이 많았소. 먼 길을 이렇게 묶여서 오다니. 쯧쯧, 이제 한 나라가 되었으니 지난 일은 잊고 힘을 합해 좋은 나라를 만들어 봅시다."

"폐하, 이런 못된 놈을 살려 두다니 말도 되지 않습니다. 이놈은 내 손으로 목을 베어야 합니다."

곁에서 견훤이 펄펄 뛰었지만 소용없었어요.

다른 한편, 신라는 날이 갈수록 나라의 힘이 약해져서 이제는 하나의 나라라고 하기에도 창피스러울 지경이 되었어요.

신라의 왕과 신하들은 의논 끝에 고려와 나라를 합하기로 결정을 했어요. 935년, 경순왕은 신하들과 백성들을 거느리고 고려를 향해 떠났어요. 왕건은 멀리까지 이들을 마중 나와 대접했지요. 그리고 경순왕에게도 높은 벼슬을 주고, 자신의 맏딸과 결혼을 시키기도 했어요.

또 거란에게 멸망당한 발해 사람들이 고려를 찾아왔을 때도 왕건은 이들을 따뜻하게 맞이했어요. 이때 고려에 자리를 잡은 발해 사람들은 고려를 위해 많은 일을 했어요.

이렇게 후삼국을 통일하고 발해 사람들까지 흡수한 고려는 우리 민족의 통일된 나라를 이루었어요. 이때부터는 북쪽으로 영토를 넓히기 위해 노력했어요.

"고려는 고구려의 맥을 잇는 나라이니 북으로 영토를 넓혀 나가야 하오. 고구려의 옛 땅을 되찾기 위해 힘을 다해 싸웁시다."

태조 왕건은 이렇게 말하며 군사를 일으켰어요. 고려군은 청천강까지 올라가 옛 고구려의 수도였던 평양을 되찾았어요.

얼마 후에는 거란에서 사신을 보내왔어요. 사신은 낙타 50마리를 끌고 와 서로 침략하지 말고 평화롭게 지내자고 부탁했지요. 그러나 왕건은 버럭 소리를 질렀어요.

"거란은 발해를 멸망시킨 나라요. 발해는 우리와 같은 피를 나눈 우리 민족의 나라인데 발해를 멸망시킨 거란을 어떻게 용서할 수 있겠소?"

그러고는 사신을 섬에 가둬 버리고 낙타는 다리 밑에 붙들어 매서 굶어 죽게 했어요.

또 왕건은 신하들에게 늘 이런 당부를 했어요.

"막강하던 신라가 오늘날에 이르게 된 이유는 백성들에게 세금을 너무 많이 거뒀기 때문이오. 백성이 잘살지 못하는 나라가 어떻게 부강해질 수 있겠소. 그러니 우리 고려에서는 백성들에게 세금을 거둬들일 때에 반드시 법을 정해 두고 이에 따라서 해야 하오."

왕건이 이렇게 나라의 기틀을 잡아 가는 동안 가장 큰 골칫거리는 지방 호족들이었어요. 고려는 사실상 호족들의 힘으로 세워진 나라였기 때문에 왕의 힘은 아직 미약했고 호족들의 눈치를 봐야 하는 형편이었지요.

호족들을 잘 다스리기 위해서 왕건은 그들의 딸들 모두와 결혼하는 방법을 사용했어요. 혼인을 통해 지방 귀족들과 친척이 되었던 거지요. 그러다 보니 뒤에 왕위를 어느 왕자가 이을 것인가를 놓고 싸움이 벌어지기도 했어요.

"다른 모든 문화와 마찬가지로 혼인 제도도 시대에 따라 변하는 거야. 오랜 시간 동안 인류의 문화가 변화하고 발전해 오면서 도달한 지점이 바로 오늘날의 혼인 제도야. 한 남자와 한 여자가 자신들의 의지에 따라 서로를 선택해서 결혼하고, 그 결정에 따른 책임을 지며, 두 사람이 합의했을 때는 이혼을 할 수도 있다는 것 말이야. 이 과정에서 준호가 걱정하는 몇몇 문제가 발생할 수도 있지만 그건 사회 전체가 차근차근 해결해 나가야 할 문제야. 그렇다고 결혼을 하지 않을 수는 없지 않니? 다만 결혼을 결정할 때는 신중하게 하고, 결혼해서 생활하는 동안 서로 최선을 다해야 하는 거지."

할아버지가 얘기를 마칠 무렵, 신혼부부가 피로연장으로 인사를 하러 왔어요. 현아네 식구들은 모두 갓 결혼한 신혼부부에게 축하의 박수를 보내 줬어요.

서경으로 도읍을 옮겨라

:: 묘청의 서경 천도 운동

"우리 강남으로 이사 가요. 저도 강남에서 학교 다니고 싶어요."

저녁밥을 먹으며 현수가 볼멘소리를 했어요.

"여기도 좋은데 왜?"

"강남에서 학교를 다니면 공부도 더 잘할 것 같아요. 이다음에 좋은 대학에 갈 수도 있고요. 맹자의 어머니는 자식 교육을 위해 세 번이나 이사를 했잖아요. 그러니까 우리 집도 우리 교육을 위해 강을 건너가는 거예요. 누나도 강남으로 가면 지금보다 조금 나아질지 몰라요. 누나는 이제 곧 중학생이 될 텐데 저대로 두면 큰일이라고요."

엄마 아빠가 그다지 관심을 보이지 않자 현수는 가만히 있는 현아 핑계까지 댔어요.

"교육 환경으로 치자면 여기가 강남보다 못할 건 전혀 없어. 왜 강남으로 이사를 가야 공부를 잘할 수 있다고 생각하는지 이유를 말해 봐."

엄마가 묻자 현수는 그 말에 대답은 못 한 채 그래도 강남으로 이사를 가자고 졸라 대기만 했어요.

"혹시 강남에 있는 집 수도꼭지에서는 머리를 좋게 해 주는 물이 나오나? 아니면 강남에 있는 어떤 산의 정기를 받아서 그 동네로 가면 다들 공부를 잘하게 되는 걸까? 거기로 이사 가면 정말 공부를 잘하게 되는지 한번 가 보고 싶다."

현아가 말했어요.

"옛날부터 우리 조상들은 땅의 생김새가 그곳에 사는 사람들의 운을 좌우한다고 믿었어. 그것을 풍수지리라고 해. 풍수지리에 따라 나라의 도읍을 정하거나 궁궐을 지을 때는 물론이고 가정집을 지을 때나 묘지를 만들 때도 꼭 좋은 장소를 골라서 썼지. 고려 때 묘청이 벌였던 서경 천도 운동이나, 조선을 건국한 뒤 이성계가 한양을 도읍으로 정한 것도 풍수지리설의 영향을 받았단다."

할아버지는 이어서 묘청의 서경 천도 운동에 대한 이야기를 시작하셨어요.

고려의 네 번째 왕인 광종은 지방 호족들을 억누르기 위해 여러모로 노력했어요. 귀족들이 데리고 있는 노비를 풀어 주고, 과거를 통해 능력 있는 관리를 뽑는 등 왕에게 권력을 집중시키기 위한 개혁이 이루어졌지요. 그 뒤로도 고려의 왕들은 정치를 안정시키고 지방을 효과적으로 다스리기 위해 애썼고, 그 결과 문종 때에는 나라의 틀이 완전히 갖춰졌어요.

이즈음 북쪽에서는 거란이 요나라를 세우고 호시탐탐 고려를 넘보고 있었어요. 993년, 거란의 첫 번째 침입이 있었어요. 엄청난 병력으로 밀고 내려오는 거란의 기세에 눌려 고려 관리들은 지레 땅을 내주고 항복하자는 의견을 내놓았어요. 하지만 서희는 땅을 내주는 대신 거란군의 대장과 담판을 지었어요. 거란이 원하는 대로 송나라와 관계를 끊고 거란과 손을 잡겠다는 약속을 해 준 것이지요.

서희의 외교 수완 덕분에 거란과의 첫 번째 전쟁은 무사히 넘길 수 있었지만, 그 뒤로도 거란은 두 번이나 더 고려를 침입했어요. 이때마다 앞장서서 거란군을 물리치는 데 공을 세운 사람은 강감찬 장군이었어요.

거란과의 전쟁을 끝내고 평화가 찾아오자 고려의 문화는 크게 발전하고 무역도 활발해졌어요. 하지만 다른 한편에서는 고려 사회를 썩게 만드는 커다란 문제점이 드러나기 시작했는데, 그것은 바로 귀족들이었어요. 높은 벼슬을 독차지하고 넓은 땅을 차지한 채 권력을 쥐고 흔들던 귀족들은 고려의 발전을 막는 걸림돌이 되었어요.

고려의 열일곱 번째 왕인 인종은 열네 살에 왕이 되었어요. 왕의 나이가 너무 어렸기 때문에 직접 나라의 일을 맡아 할 수가 없었어요. 그래서 그의 외할아버지인 이자겸이 정치를 하게 되었지요.

이자겸의 집안은 대대로 딸을 왕비로 만들어서 권력을 손에 쥐고 있었어요. 이자겸은 왕과 더욱 가까운 사이가 되기 위해 자기의 두 딸을 인종과 결혼시키기도 했어요. 그러니까 인종은 이자겸의 외손자이면서 동시에 사위였던 거예요.

이렇게 되자 왕은 이자겸의 말이라면 무엇이든 믿을 수밖에 없었고, 그는 고려에서 가장 힘이 센 사람이 되었어요. 아무도 이자겸의 비위를 거스를 수 없었지요. 이자겸은 옳은 말을 하는 사람들은 쫓아 버리고 자기에게 좋은 말을 하는 사람들에게만 높은 벼슬을 주었어요. 그리고 온갖 호화로운 물건을 사들여 사치스러운 생활을 했지요. 이자겸의 욕심은 여기서 그치지 않았어요.

'아예 내가 왕이 될 수는 없을까?'

이자겸은 왕이 될 생각으로 이상한 소문을 냈어요.

"이제 곧 십팔자 성을 가진 사람이 왕이 될 거래."

이런 소문은 삽시간에 고려 곳곳으로 퍼져 나갔고 그 소문을 믿는 사람들도 많아졌어요.

"십팔자 성이 뭘까?"

"아니, 그것도 모르나? 이씨 성이지 뭐겠어? 열 십(十) 자에 여덟 팔(八) 자를 합하면 나무 목(木) 자가 되고, 그 밑에 아들 자(子) 자가 들어가면 이(李) 자가 되잖아."

"오, 정말 그렇군. 이씨 성을 가진 사람이라면 누굴까? 혹시 이자겸 아닐까?"

"물론 그 사람이겠지. 지금 왕이야 이름뿐이지 뭐 하는 일이 있나?"

사람들은 이렇게 수군거렸어요. 이자겸은 이런 소문을 내고서 왕을 물러나게 하고 자기가 직접 왕의 자리에 앉을 계획이었지요.

이자겸의 음모를 알아차린 인종은 언제 쫓겨날지 불안해서 견딜 수가 없었어요. 왕은 이자겸 몰래 자기를 따르는 신하들에게 도움을 청했어요. 왕의 뜻에 따라 최탁 장군은 군대를 이끌고 이자겸과 그 부하들을 없애려고 했지요.

하지만 이자겸의 부하인 척준경이 미리 이런 눈치를 챘어요. 척준경은 자기 부하들을 이끌고 최탁이 쳐들어오기 전에 앞질러 궁궐을 공격했어요.

이자겸을 벌하려고 했던 인종은 도리어 이자겸에게 잡혀 그의 집에 갇혔지요. 이자겸은 이 기회에 아예 인종을 죽여 버려야겠다고 생각했어요. 그래서 몰래 독약을 물에 타서 인종에게 갖다 주었지요. 다행히 인종의 아내였던 이자겸의 딸이 귀띔을 해 주는 바람에 인종은 겨우 목숨을 건질 수 있었어요.

그 후 이자겸은 더욱 큰 권력을 갖게 되었어요. 그런데 이렇게 부귀와 권력을 모두 차지하고 나자 이자겸과 그의 가장 가까운 신하였던 척준경 사이에 다툼이 잦아졌어요.

이 틈을 이용해서 인종을 따르던 신하, 최사전이 척준경을 달래기 시작했어요.

"이자겸을 믿지 마십시오. 그 사람은 신하로서 감히 자신의 왕을 해치려 했습니다. 이런 사람은 언제라도 또 다른 사람을 배신할 수 있지요. 당신은 이자겸의 꾐에 넘어가서 큰 죄를 지은 것입니다. 이제라도 잘못을 뉘우치고 왕을 위해 충성하십시오."

가뜩이나 이자겸과 사이가 나빠진 척준경은 최사전의 말에 귀가 솔깃해졌어요. 결국 척준경은 인종을 따르기로 마음을 바꾸었지요. 척준경은 곧 왕의 명령에 따라 이자겸의 부하들을 무찌르고 이자겸을 멀리 귀양 보내 버렸어요. 인종은 비로소 다시 왕의 권력을 되찾을 수 있었어요. 하지만 백성들은 이미 왕을 믿고 존경하지 않았어요.

그러던 어느 날 인종을 돕고 있던 묘청이라는 스님이 이렇게 말했어요.

"전하, 우리나라가 이렇게 어려움에 처하게 된 것은 모두가 우리의 도읍인 개경 땅의 운이 다했기 때문입니다. 도읍을 옮기는 것만이 나라를 되살리는 길입니다. 서경으로 도읍을 옮기면 나라의 운이 되살아날 것입니다. 그뿐 아니라 밖으로 힘을 뻗쳐서 서른여섯 개의 나라가 선물을 바치며 고려를 섬길 것입니다."

서경은 지금의 평양으로 옛 고구려의 도읍이었기 때문에 고려에서도 개경 다음으로 큰 도시였지요. 묘청이 고려의 수도를 개경에서 서경으로 옮기려고 했던 것을 '서경 천도 운동'이라고 해요.

묘청은 풍수지리설을 근거로 서경 천도를 주장했지만, 여기에는 왕을 중심으로 나라의 힘을 모아 북쪽으로 영토를 넓혀 가자는 뜻이 숨어 있었어요. 그즈음 북쪽에서는 여진족이 힘을 길러서 금나라를 세웠어요. 여진족은 원래 고려를 형님의 나라로 받들어 모시던 민족이었지요. 그러던 것이 이제는 거꾸로 고려에서 선물을 보내고 어버이의 나라로 떠받들어야 할 형편이 되었어요. 고려 사람들은 나라의 힘이 이렇게 약해진 것이 안타깝고 여진족 같은 오랑캐에게 짓눌려 사는 것에 무척 자존심이 상해 있었어요. 그러다 보니 묘청의 서경 천도 운동은 백성들의 환영을 받았어요.

묘청은 또 이런 제안도 했어요.

"전하, 우리도 중국처럼 우리의 왕을 황제라고 부르는 것이 좋겠습니다. 연도도 중국 왕 몇 년 하는 식으로 쓰지 말고 이제부터는 우리의 것을 만들어 써야 합니다. 고려도 엄연히 하나의 독립된 국가입니다."

인종도 묘청의 제안에 찬성했어요. 곧 도읍을 옮길 계획을 세우고 서경에 새로 궁궐을 짓기 시작했어요. 하지만 서경으로 도읍을 옮기는 것에 반대하는 사람들도 많았어요.

『삼국사기』를 지은 것으로 유명한 김부식을 비롯해 높은 벼슬을 차지하고 있던 귀족들은 펄쩍 뛰면서 인종에게 말했어요.

"전하, 서경으로 도읍을 옮기는 것은 절대로 안 됩니다. 묘청의 말에 속지 마십시오. 풍수지리설이라는 것은 미신에 지나지 않습니다. 그깟 미신에 따라 한 나라의 도읍을 바꿀 수는 없습니다."

"그렇습니다. 전하, 그뿐 아니라 우리의 왕을 황제라고 부르고 우리 왕을 기준으로 연도를 부르는 것은 말도 되지 않습니다. 그렇게 하면 중국의 큰 나라들이 가만히 있을 리 없지 않습니까? 잘못하다가는 큰 전쟁이 나서 나라가 망하고 말 것입니다."

김부식과 귀족들은 중국과 같은 큰 나라를 떠받드는 것이 당연하다고 생각하는 사람들이었지요. 또 서경으로 도읍을 옮기고 북쪽으로 영토를 넓혀 나가면 왕의 힘이 커지고, 그만큼 자기들의 자리가 위태로워질 것이 걱정되기도 했고요.

곧 고려의 궁궐에서는 서경으로 도읍을 옮기자는 사람들과 옮기지 말자는 사람들의 싸움이 시작되었어요. 하지만 높은 벼슬을 한 사람들 중에는 도읍을 옮기지 말자는 사람들이 더 많았지요. 마침내 인종도 도읍을 옮기지 않기로 생각을 바꿨어요.

그렇다고 묘청이 그냥 물러날 리 없었지요. 1135년, 묘청은 자기의 생각에 찬성하는 사람들을 이끌고서 난을 일으켰어요. 서경의 관리들도 묘청의 편에 섰지요. 묘청은 서경에 대위국이라는 나라를 새로 세웠어요.

인종은 곧 김부식을 불러서 묘청을 무찌르라고 명령했어요. 묘청은 군대를 모아 고려군에 맞서 싸웠어요. 그러던 중 그의 부하였던 조광에게 배신을 당했어요.

조광은 묘청을 죽여서 그 목을 김부식에게 보냈지요. 그러고는 자기를 김부식 편에 받아달라고 했어요. 하지만 김부식은 이를 거절해 버렸어요.

조광은 다시 싸움을 시작할 수밖에 없었지요.

서경의 군대는 묘청이 죽은 뒤에도 1년 동안이나 꿋꿋하게 버티다가 결국 지고 말았어요. 고려는 여전히 부귀영화를 누리는 몇몇 귀족들의 손아귀에서 벗어나지 못했지요.

"그럼 강남에 살아야 공부를 잘하고 좋은 대학에 간다는 것도 풍수지리설 때문인가요?"

눈이 동그래진 현수가 물었어요.

"그런 소리를 어디서 들었는지는 모르겠지만 그건 풍수지리설과는 관계가 없어. 주변 환경이 사람에게 많은 영향을 미치는 건 사실이지만 불리한 환경을 극복하는 과정에서 더 발전하는 경우도 많단다. 그리고 강남이 공부하기에 더 좋은 환경이라는 것도 아무 근거가 없는 얘기고."

"안됐다. 현수의 강남 천도 운동은 실패네."

할아버지가 말씀하시자 현아가 끼어들어 현수를 약 올렸어요.

"도읍을 옮기는 걸 천도라고 하는 거야. 나는 우리 집이 이사를 가자고 했지 도읍을 옮기자고 한 게 아니라고. 하여튼 우리 누나는 엄청 무식하면서 말만 많다니까."

현수는 공연히 현아에게 화풀이를 해 댔어요.

불에 탄
대장군의 수염

∷ 무신의 난

"할아버지, 저도 크면 군대에 가야 하나요?"

저녁에 준호가 찾아와서 불쑥 물었어요.

"병역은 헌법에 정해진 국민의 의무야. 그러니까 형이 군대에 가지 않기 위해서는 우리나라 헌법이 바뀌어야 하고, 헌법을 바꾸려면 국민 투표를 해야 하지."

현수가 나서서 아는 것을 한없이 늘어놓았어요.

"나는 군대 가기 싫은데……. 너는 어때?"

"나도 남자니까 당연히 군대에 가야겠지. 하지만 난 장교로 갈 거야. 졸병으로 군대에 가서 훈련을 받는 게 아니라 장교로 가서 군사 전략을 세울 거라고."

준호가 묻자 현수가 자신만만하게 대답했어요.

"장교라고 기본적인 군사 훈련을 받지 않는 건 아니란다. 장교는 사병들을 지도해야 하는데 자기 자신이 아무것도 할 줄 모르면서 어떻게 사병들을 이끌 수 있겠니? 그런데 준호는 왜 군대에 가기 싫다는 거니?"

할아버지의 질문에 준호가 대답했어요.

"저는 평화를 사랑하거든요. 그런데 군대에 가면 무조건 무기를 들고 싸우는 훈련을 받아야 하잖아요. 저는 세상에 군대라는 것이 아예 없어졌으면 좋겠어요."

"군대가 없어도 될 만큼 세상이 평화로워진다면 얼마나 좋겠니? 군대는 물리적인 힘으로 국가를 지키기 위한 집단으로, 인류의 문명이 시작될 때부터 있어 왔어. 물론 시대마다 구성이나 형태는 많이 달라졌지만 말이야. 우리 모두 평화로운 세상을 꿈꾸고 그런 세상을 만들기 위해 노력해야 하는 것은 사실이지만, 그렇다고 지금 당장 군대가 필요 없다거나 군인이 되지 않겠다고 생각해서는 안 돼. 또 군인을 다른 일을 하는 사람보다 낮춰 보는 것도 옳은 생각이 아니고. 우리나라는 고려 때부터 무신보다 문신을 높게 생각하는 편이었거든. 무신은 군인을 가리키는 말이고, 문신은 그 밖의 일들을 하는 관리들이지. 무신이든 문신이든 모두 나라를 위해 일하는 사람들인데 맡은 일에 따라 차등을 두는 것은 옳지 않아."

"무신은 칼을 들고 나라를 지키는 사람들이잖아요. 그렇다면 큰 힘을 갖고 있었을 텐데 왜 무신들을 업신여겼다는 거예요?"

현아가 물었어요.

"무력보다는 학문의 힘을 높이 평가했던 유학의 가르침 때문이지. 그리고 현실적으로는 왕의 필요 때문인 경우도 많았어. 나라를 지키기 위해 군사가 필요하고, 그 군대를 이끌 장군이 필요하긴 하지만 장군들이 너무 많은 힘을 갖게 되면 왕의 권력을 빼앗아 갈 수 있지 않겠니? 그래서 왕들은 장군들을 적당히 억누르고 싶어 했던 거야. 군대가 총칼을 앞세워 나라를 지배한다면 왕이든 관료든, 법이든 제도든 다 아무 의미가 없어지거든."

할아버지는 이어서 고려 시대 무신의 난에 대해 이야기해 주셨어요.

고려의 태조인 왕건은 나라를 세운 후에 무신들을 억누르기 시작했어요. 후삼국을 통일하는 데에는 장군들의 공이 컸지만, 전쟁이 끝나자 혹시나 그들이 왕의 자리를 넘보지 않을까 걱정이 되었기 때문이지요.

태조 이후로도 고려의 왕들은 대대로 문신들에게 높은 벼슬을 주고 무신들은 천대했어요. 군의 최고 지도자도 무신이 아닌 문신이 맡았어요. 무신은 단지 전쟁터에 나가서 싸우고 왕과 문신들을 지켜 주는 경호원 정도밖에는 아니었지요. 서경 천도 운동을 막기 위한 군대를 이끈 것도 문신인 김부식이었고, 거란과의 전쟁 때 군대의 우두머리가 된 강감찬이나 서희도 무신이 아닌 문신이었답니다.

더구나 이자겸의 난과 묘청의 난 때는 무신들이 왕에 반대해서 칼을 휘둘러 댔어요. 덕분에 왕은 무신들을 믿지 않고 더욱 멀리 하게 되었지요.

왕과 문신들이 밤새 술을 마시며 잔치를 벌이는 동안 무신들은 밖에서 경호를 서는 일도 많았어요. 그런 날이면 안에서는 진수성찬을 차려 놓고 즐기는데 밖에 서 있는 무신들은 끼니도 챙겨 주지 않았지요.

그뿐 아니었어요. 똑같은 벼슬이라도 무신은 문신에게 무시를 당했어요. 심지어는 더 낮은 벼슬을 가진 문신이 높은 벼슬의 무신을 업신여겨 땅을 빼앗기까지 했어요.

고려 인종 때의 일이었어요. 그즈음 가장 높은 벼슬을 하고 있었던 사람은 김부식이었지요. 하루는 왕이 술자리를 마련해서 여러 신하들을 불렀어요. 그 자리에는 대장군 정중부도 있었지요. 정중부는 긴 수염을 쓰다듬으며 점잖게 술잔을 기울이고 있었어요.

그런데 그 모습을 지켜보고 있던 김부식의 아들, 김돈중은 갑자기 장난이 하고 싶어졌어요.

"대장군님, 수염이 아주 탐스럽군요. 어디 좀 자세히 볼까요."

김돈중은 이렇게 비꼬면서 정중부에게로 다가가서는 촛불을 들어 수염에 바짝 가져다 댔어요. 촛불은 정중부의 수염에 옮겨 붙어 삽시간에 그 길던 수염이 모두 타 버렸어요. 화가 난 정중부는 그 자리에서 김돈중의 뺨을 후려쳤지요.

그 일이 있고 나서 김부식이 왕에게 말했어요.

"정중부를 벌하셔야 합니다. 제 아들의 장난이 조금 과했다고는 하지만 감히 왕이 베푼 술자리에서 손찌검을 하다니 예의를 모르는 자입니다."

정중부는 얼마가 지난 후에야 가까스로 용서를 받을 수 있었어요.

인종이 죽고 그 아들 의종이 왕이 되었어요. 의종은 노는 것만 좋아하는 사람이었지요. 그는 문신들을 데리고 연일 놀러 다니기에 바빴어요. 그러다 보니 무신들의 신세는 더욱 고달파졌지요.

1170년 8월 30일, 그날도 의종은 보현원이라는 절에서 놀고 있었어요.

"이곳 마당은 참 넓구나. 이렇게 좋은 곳에 왔으니 무신들의 무술이나 구경해야겠다."

의종은 무신들에게 무술 시합을 해 보도록 시켰어요.

따라왔던 무신들은 땀을 뻘뻘 흘리면서 한참 동안 무술 시합을 해 보였지요. 그러던 중, 대장군 이소응이 젊은 병사와 씨름을 시작했어요.

"으싸, 으싸!"

환갑이 다 된 대장군은 있는 힘을 다했지만 젊은이를 당해낼 수는 없었지요. 땀을 뻘뻘 흘리던 대장군은 그만 젊은 병사에게 밀려 넘어지고 말았어요.

이 모습을 지켜보던 문신, 한뢰가 이소응에게 다가가더니 깔깔거리며 말했어요.

"이 늙은 군인 놈아, 대장군이 어떻게 한낱 병사도 이기지 못하느냐. 하는 일 없이 나라의 돈이나 축내는 도둑놈이로구나."

그러더니 한뢰는 이소응을 힘껏 떠밀기까지 했어요.

이 모습을 지켜보던 의종과 문신들은 소리를 내어 웃어 젖혔어요. 신이 난 한뢰는 한마디 더 했지요.

"이놈 꼴 좀 봐라. 전쟁이 없이 나라가 평화로우니 무신 놈들은 놀고먹어 돼지처럼 살만 쪘구나. 그러니 힘을 못 쓰지."

그때였어요. 한구석에 서 있던 정중부가 온몸을 부르르 떨더니 앞으로 달려 나왔어요. 그는 한뢰의 멱살을 잡고서 세차게 주먹을 날렸지요.

"네 이놈! 너는 위아래도 알아볼 줄을 모르느냐? 아무리 무신이라고 하더라도 이소응 장군은 3품 대장이다. 6품밖에 안 되는 새파랗게 젊은 놈이 감히 손찌검을 하다니!"

일이 이쯤 되자 왕은 정중부를 달래며 자리를 떴어요.

하지만 정중부와 무신들의 분한 마음은 가라앉지 않았어요.

"이제 더 이상은 참을 수 없습니다."

"그래요. 오늘이 좋은 기회입니다. 그동안 준비해 온 일을 오늘 치르는 겁니다."

무신들은 그동안 은밀히 왕에 반대하는 난을 일으켜 정권을 잡으려는 준비를 하고 있었던 거예요.

그날 저녁, 무신들은 드디어 칼을 휘둘렀어요. 보현원에 있던 문신들은 모두 무신들의 칼 아래 쓰러졌지요.

"한뇌는 어디 있지? 쥐새끼 같은 놈이 도대체 어디에 숨은 걸까?"

무신들은 숨어 버린 한뇌를 찾아 보현원을 발칵 뒤집었어요. 한뇌는 왕의 의자 밑에 숨어 있다가 결국 무신들에게 들켜 목숨을 잃고 말았지요.

무신들은 그 길로 개경으로 향했어요. 개경으로 가서 나머지 문신들을 하나하나 죽여 없애고 의종은 거제도로 쫓아 버렸어요. 그러고는 의종의 동생을 새 왕으로 모셨어요. 새로 왕이 된 명종은 허수아비일 뿐이고 이제 권력은 무신들의 손에 들어온 것이지요.

이 사건을 '무신의 난' 또는 '정중부의 난'이라고 부른답니다. 무신의 난이 성공할 수 있었던 것은 무신들이 실제로 군사력을 갖고 있었기 때문이에요. 거란족이 잇따라 고려를 침략하여 큰 전쟁을 치르고 난 뒤부터 고려의 무신들은 이미 큰 힘을 키우고 있었지요.

또 병사들이 무신의 편에 섰기 때문이기도 해요. 무신들이 왕을 쫓아내고 문신들을 죽일 때 병사들도 시키는 대로 무신을 도왔어요. 대부분이 가난한 농민이었던 병사들은 그동안 문신들의 횡포에 무신들보다 훨씬 더 크게 시달리고 있었기 때문이지요.

　그러나 정권을 잡고 나자 무신들도 문신과 다를 바 없어졌어요. 백성들을 편히 살게 하고 나라를 튼튼하게 하는 것보다는 자기들의 이익을 챙기기에 바빴지요. 무신들은 나라의 땅은 물론이고 백성들의 땅도 닥치는 대로 차지했어요.

　전국 곳곳에서 의병이 일어났고, 의종을 다시 왕으로 모시려는 문신들의 난도 끊이지 않았어요. 먼저, 함경도 지방의 김보당이 의종을 왕의 자리에 되돌려 놓겠다고 난을 일으켰어요. 하지만 이 김보당의 난은 실패했고 의종은 경주에서 목숨을 잃었지요.

　귀법사를 비롯한 여러 절의 스님들이 무신들을 몰아내기 위해 개경으로 몰려오기도 했고, 서경의 군대가 개경을 공격한 적도 있었어요. 하지만 이런 난은 모두 실패로 끝났고 무신들은 점점 더 기세가 등등해졌어요.

　한편, 무신들 사이의 싸움도 그칠 줄을 몰랐어요. 무신의 난을 일으킨 사람 중 한 명인 이고는 이의방에게 죽고, 이의방은 정중부에게 죽었어요. 다시 정중부는 경대승에게 죽고, 경대승이 젊은 나이로 죽고 나자, 이번에는 이의민이 정권을 독차지했어요.

　천민 출신이었지만 힘이 장사였던 이의민을 죽이고 마지막으로 권력을 잡은 사람이 최충헌이었어요. 1196년에 권력을 손에 쥔 최충헌은 그 후 60년간 대를 이어 가며 독재를 했어요. 그 사이 명종, 신종, 희종, 강종, 고종 이렇게 다섯 명의 왕이 있었지만 왕을 갈아치우는 것도 최씨 집안 마음이었어요.

 최충헌의 뒤를 이은 아들, 최우 때에는 몽골의 침략이 있었어요. 도읍을 강화도로 옮기고 백성들이 모두 몽골에 맞서 싸우고 있는 동안에도 최씨 집안은 사치스러운 생활을 하며 한가하게 지냈지요.

"할아버지는 전쟁을 겪은 세대기 때문에 더더욱 군대가 없어도 될 만큼 평화로운 세상이 오기를 바란단다. 하지만 평화를 지키기 위해 누군가 무기를 들어야 한다면, 그걸 다른 사람들한테만 떠넘기지 않고 스스로 해 내는 것도 평화를 사랑하는 사람의 몫이라고 봐. 준호는 어떻게 생각하니?"

 이야기 끝에 할아버지가 물었어요.

"평화를 위해 무기는 없어져야 하고 군대도 없어져야 하는데, 다시 그 평화를 위해 군대에 가서 무기를 들어야 한다니 정말 헷갈리네요. 좀 더 생각을 해 봐야 할 것 같아요."

"할아버지, 그런데 여자는 왜 군대 안 가요? 이건 너무 불공평하잖아요. 저 대신 누나가 군대 가면 안 될까요? 누나가 저보다 힘도 더 세니까요."

 준호가 고민에 빠져 있는 동안 현수가 불평을 늘어놓기 시작했어요.

장상이(將相) 어찌
씨가 따로 있으랴

:: 노비 만적의 난

"현수는 평등이 뭐라고 생각하니?"

남자만 군대에 가야 하는 문제에 대해 현수가 계속 투덜거리자 할아버지가 물었어요.

"그야 물론 모두 똑같은 권리와 의무를 갖는 거죠."

"모두 똑같이? 그럼 우리 가족도 모두 똑같은 권리와 의무를 가져야 평등한 거겠네. 내일부터 현수도 밥하고 빨래하고, 일해서 돈도 벌어오고 말이야."

할아버지 말에 현수는 당황해서 허둥거렸어요.

"그건 아니죠. 저는 아직 어린이잖아요. 어린이는 어른에게 보호 받아야 한다고요. 어떻게 어른하고 똑같아요?"

"그래. 마찬가지로 여자도 보호 받아야 하는 거야. 모든 사람이 똑같은 의무를 지는 것은 평등이 아니야. 각각의 조건과 처지를 고려해서 적절한 보호를 해 주는 것이 진정한 평등 아니겠니?"

현수는 더 이상 말을 하지 못했어요.

"옛날에는 태어날 때부터 신분이 정해져 있어 차별을 받았었죠? 그 시절 사람들은 왜 그런 불평등을 견디고 살았을까요? 저라면 목숨을 걸고서라도 싸웠을 것 같아요."

"노비로 태어나서 복종하고 사는 걸 당연하다고 교육받고 평생 살았다면 그게 불공평하다는 걸 깨닫는 것조차 쉽지 않았을 거야. 또 워낙 힘의 차이가 컸기 때문에 저항도 쉽지 않았을 거고."

준호의 질문에 대답한 뒤 할아버지는 고려 시대 노비들의 반란에 대해 말해 주셨어요.

고려는 신분이 엄격하게 정해진 사회였어요. 고려의 신분은 크게 양인과 천인으로 구분되었지요. 양인은 관료나 군인, 농민 등이고, 천인은 노비나 화척 등이에요.

양인 중에서 관료의 일부는 대대로 나라의 높은 자리를 차지하는 문벌 귀족이었고 정치권력은 이들의 손아귀에 있었지요. 양인의 대부분은 농업에 종사하는 농민이었어요. 이들은 나라에 세금을 바치고 병사로 동원되어야 했어요. 양인 중에서 가장 신분이 낮은 사람들은 향, 소, 부곡 등 특수한 지역에 사는 사람들로 천인보다 나을 것이 없는 처지였지요.

천인의 대부분은 노비였는데, 노비는 사고팔 수 있는 가축이나 물건 같은 존재였어요. 노비는 관노와 사노로 나뉘는데, 관노는 나라에 매여 있는 노비이고, 사노는 개인이 소유하고 있는 노비였어요. 화척은 소 잡는 일을 하거나 버드나무로 수공품을 만드는 일을 하는 사람들이고요. 이들의 신분도 대대로 이어졌고 신분을 바꾸는 것은 엄격히 금지되어 있었지요.

하지만 무신의 난 이후로 이러한 신분 질서는 크게 흔들렸어요. 정권을 거머쥔 무신들 중에는 이의민 같은 천민 출신도 있었으니까요. 천민들은 이제 더 이상 천민으로 태어난 것을 하늘의 뜻으로 알고, 차별받는 것을 당연하게 여기지 않게 되었지요.

또한 무신 정권 아래서 백성들의 삶은 점점 더 고단해지기만 했어요. 양민들 중에 토지를 잃고 노비로 전락하는 사람들이 늘었어요. 이들이 갖고 있던 토지는 모두 일부 관료들의 것이 되어 버렸지요. 토지를 빼앗은 관료들은 큰 농장을 경영하면서 국가에 세금은 내지 않고 자신들의 배만 채웠어요.

이렇게 사회 질서가 흐트러지다 보니 여기저기서 반란이 일어났어요. 승려들의 반란도 있었고, 명학소의 망이·망소이의 난, 관노 죽동의 난 등이 연이어 일어났어요. 또 신라, 고구려, 백제를 부흥시키겠다는 난도 있었지요. 이 중에서도 만적의 난은 비록 실패로 끝나기는 했지만 천민들이 정권

을 빼앗을 목표까지 세우고 조직적으로 움직인 큰 규모의 반란이었어요.

최충헌이 정권을 잡고 있던 시기에 그의 집에서 부리던 노비 중에 만적이라는 사람이 있었어요. 1198년 어느 봄날, 만적은 다른 노비들과 함께 산으로 나무를 하러 갔어요. 하지만 그저 나무만 하러 가는 발걸음은 아니었지요. 연신 뒤를 돌아보며 주위를 경계하는가 하면, 함께 가는 미조이, 연복 등 다른 노비들과 눈짓을 주고받았어요.

이들은 개경 북산에 올라 나무를 하는가 싶더니 어느 결에 후미진 숲 속에 모여 수군수군 이야기를 하고 있었어요.

"장군이나 재상(2품 이상의 높은 벼슬아치)이 어찌 씨가 따로 있겠는가? 누구라도 때를 잘 만나면 그런 높은 자리에 오를 수 있는 것이오. 우리라고 이렇게 매일 뼈 빠지게 일하고 매질이나 당하면서 살란 법이 어디 있겠는가?"

만적의 말에 모두들 상기된 얼굴로 고개를 끄떡였지요.

이들은 가지고 온 황색 종이를 한 장씩 나눠 가졌어요. 그 종이에는 고무래 정(丁) 자가 쓰여 있었어요.

"이 증표를 가지고 흥국사에 모이시오. 때가 되면 일시에 격구장으로 나가서 궁궐로 향하는 거요."

"그런데 궁궐로 들어가는 게 가능하겠소? 아무리 우리 숫자가 많다고 하더라도 궁을 지키는 병사들이 꽤 많을 텐데……."

걱정을 하는 사람들도 있었지만 만적은 자신만만했어요.

"대궐 안에서는 내시들과 관노들이 움직일 거요. 궁궐 안팎에서 공격한다면 충분히 이길 수 있소."

만적의 계획은 이뿐이 아니었어요.

사노들은 각자 자신들의 주인을 죽이고 천적을 불태우기로 했어요. 천적이란 어떤 사람이 천민임을 증명하는 문서였어요.

"주인을 때려죽인 뒤에는 반드시 천적부터 없애야 하오. 그것을 없애면 우리는 더 이상 천민이 아니기 때문에 장군도 될 수 있고, 재상도 될 수 있는 거요. 알겠소?"

만날 날짜와 시간, 장소를 다시 한 번 확인한 이들은 흩어져서 다시 아무 일 없었다는 듯이 나무를 했어요. 하지만 가슴은 새로운 희망으로 부풀어 올라 있었지요.

드디어 약속된 날이 왔어요. 하지만 그날 흥국사에 모인 인원은 예상보다 훨씬 적었어요.

"수백 명밖에 안 되는데, 이 인원으로는 아무래도 무리일 것 같소."

이들은 다시 모임 날짜와 장소를 정했어요.

"말이 세어 나가면 모든 것이 끝장이오. 모두 조심, 또 조심해야 하오."

몇 번씩 서로 당부하고 다짐한 뒤 헤어졌지만 일은 뜻대로 되지 않았지요. 계획에 참가했던 순정이라는 노비가 마음을 바꿨기 때문이에요. 순정은 주인에게 모든 것을 고해바쳤고, 곧 사람들이 잡혀 가기 시작했어요.

 계획에 참가했던 100여 명의 노비는 강물에 던져졌고, 이들의 꿈과 희망도 강물 아래 가라앉고 말았어요.

"물론 노비로 태어났다면 끔찍했겠지만 왕이나 귀족으로 태어났으면 지금보다 오히려 더 좋았을 것 같아요. 전 분명히 공주로 태어났을 거예요. 그러면 궁궐에 살면서 하인들을 마음대로 부릴 수도 있고 얼마나 좋았을까요?"

 현아가 마치 지금 당장 공주라도 된 것처럼 잔뜩 들떠서 말했어요.

"난 그 시절에 왕자로 태어난 것보다 지금처럼 모두 다 평등한 세상에 태어난 게 훨씬 나은 것 같아. 내가 아무리 왕자로 태어났더라도 노예나 천민들을 힘들게 부려 먹으면 마음이 편하지 않았을 것 같거든."

 준호의 말에 할아버지가 고개를 끄덕여 주셨어요.

백성이 없으면 왕도 없다

∷ 몽골과의 전쟁

기말고사가 끝나고 현아와 현수는 여름방학 계획을 세우느라 바빴어요. 엄마가 어디로 여행을 가고 싶은지 정해서 계획을 세워 보라고 했거든요. 준호까지 함께 모여서 지도를 뒤지고 인터넷에서 여행 관련 정보를 검색하느라 바빴죠.

하지만 서로 가고 싶은 곳이 달라서 결정을 하기가 어려웠어요. 현아는 수영장으로 가고 싶어 했고, 현수는 바닷가로 가자고 했어요.

"준호야, 넌 어디로 가고 싶어?"

"난 바다, 산, 강, 들판 모두 다 가 보고 싶어. 사람은 왜 한곳에 머물러 살아야 하지? 이곳저곳 떠돌아다니면서 살면 안 되는 건가? 유목민처럼 말이야. 유목민으로 태어났으면 좋았을걸."

준호가 말하자 현수는 한숨부터 쉬었어요.

"유목민은 몽골이나 중앙아시아, 페르시아, 아라비아 등에서 가축을 키우던 민족이야. 가축에게 먹일 풀밭을 찾아서 이리저리 떠돌아다녔었지. 하지만 요즘은 유목민이 드물어. 가축을 키우더라도 대부분 한곳에 머물러서 키운다고. 그리고 우리는 농경 민족이기 때문에 일찍부터 한곳에 정착해서 살아왔던 거고. 그리고 유목민은 말을 잘 타야 해. 형은 말을 타기는커녕 근처에도 못 가잖아."

현수는 작년에 제주도 여행을 갔을 때 준호가 말이 무서워 도망 다녔던 것을 상기시켜 줬어요.

"어디로 갈지는 정했니?"

"아직이요. 그런데 할아버지, 유목민은 모두 말을 잘 타야 하나요?"

때마침 할아버지가 들어오시자 준호가 물었어요.

"물론이지. 걸음마를 배울 때부터 말을 탄다더라. 가축을 놓아 키우려면 말을 타고 다니면서 지켜야 하니까 그럴 수밖에 없지. 그러다 보니 유목민들은 말을 타고 싸우는 전쟁, 즉 기마전에 능했단다. 너희들도 칭기즈 칸을 알지? 몽골이 빠른 기간 안에 그렇게 넓은 지역을 정복할 수 있었던 것도 기마전 덕분이었지. 하지만 몽골의 기마 부대도 고려에 와서는 고생을 많이 했단다."

할아버지는 고려와 몽골의 전쟁에 대한 이야기를 시작하셨어요.

중국에 송, 금, 서하의 세 나라가 있는 동안은 서로 남의 영토를 넘볼 수 없었기 때문에 조용한 시기가 계속되었어요. 어느 한 나라가 다른 나라를 침략하면 나머지 두 나라가 가만히 있을 리 없으니까요. 그런데 13세기 초 유목민인 몽골족이 테무친에 의해 통일되고 나자 또다시 전쟁이 시작되었지요.

테무친은 1206년 몽골의 황제가 되었어요. 그때부터 테무친은 칭기즈 칸이라고 불렸지요. 칭기즈 칸은 아시아 전체를 차지하기 위한 전쟁을 벌였어요.

이미 송과 금은 나라의 힘이 약해져서 몽골의 침략을 막을 수 없었어요. 말을 잘 타고 잔인하기로 유명한 몽골군은 삽시간에 아시아는 물론이고 유럽의 일부까지 차지해 세계 역사상 가장 큰 나라를 건설했어요.

만주 지역의 사정도 급박하게 돌아가고 있었어요. 당시 만주에는 여진족이 세운 금나라와 거란족의 요나라가 있었어요. 1218년, 몽골군이 몰려오자 거란족이 갈 곳은 한반도뿐이었어요. 몽골에 쫓긴 거란족은 압록강을 넘어 고려를 침략했어요.

문신과 무신들이 서로 다투느라 국방이 허술했던 고려는 갑자기 거란족이 쳐들어오자 손 쓸 틈도 없이 밀리기만 했지요. 거란족은 고려의 힘이 약하다는 것을 눈치채자 서경을 지나 개경까지 단번에 밀고 내려왔어요.

그러다 차츰 군대를 가다듬은 고려가 공격을 시작하자 거란은 오래 견디지 못하고 도망치기 시작했지요. 그때 김취려 장군이 거란군이 도망치는 길목을 지키고 있다가 다시 한 번 혼을 내 주었답니다.

하지만 거란은 아주 떠나지 않고 함경북도에 몰려 살면서 걸핏하면 고려를 괴롭혔어요. 그 지역 백성들은 거란의 등쌀에 농사도 짓지 못할 지경이었어요. 그렇다고 거란과 다시 전쟁을 하기에는 고려의 힘이 너무 약했어요. 고심 끝에 고려는 몽골에 도움을 청해 보기로 했어요. 몽골은 거란을 공격할 기회만 엿보고 있으니 고려 편을 들어줄 것이라고 생각했지요.

고려의 예상대로 몽골은 거란을 공격하는 데에 찬성하는 것은 물론이고, 거란을 몰아내고 나면 고려와는 친하게 지내겠다는 말까지 했어요.

이렇게 해서 고려는 몽골과 동진의 도움을 받아 거란을 공격했어요. 몽골에서는 3만 명이나 되는 군사를 보내 줬지요. 거란은 쉽게 무너졌어요.

고려는 앓던 이가 빠진 것처럼 시원했어요. 하지만 그것도 잠시뿐, 친하게 지내자던 몽골은 도리어 엄청난 양의 선물을 갖다 바치라며 거드름을 피웠어요.

"몽골에게 그런 꿍꿍이속이 있는 줄을 진작 알았어야 하는데. 이거야 작은 도둑을 잡으려고 더 큰 도둑을 불러들인 꼴이 되었으니 어쩌면 좋단 말인가."

고려의 왕은 그제야 후회했지요.

그러던 중 엎친 데 덮친 격으로 고려에서 보물을 잔뜩 짊어지고 돌아가던 몽골 사신이 압록강 근처에서 살해당한 사건이 있었어요. 몽골은 범인을 잡아내라고 호통을 쳤어요. 하지만 압록강 근처는 도둑 떼가 많은 곳이라 누구의 짓인지 알아낼 도리가 없었지요. 몽골은 고려가 자기 나라 사신을 죽였다며 그 후부터 고려와 관계를 끊어 버렸어요. 그러더니 마침내 군대를 보내 공격을 시작했지요.

사신이 죽은 것은 핑계일 뿐이고 사실 몽골은 오래전부터 고려에 눈독

을 들이고 있었어요. 그즈음, 수많은 나라의 넓은 땅을 정복한 칭기즈 칸이 죽자 그의 아들 오고타이 칸이 황제가 되었어요. 오고타이 칸도 아버지의 뒤를 이어 나머지 지역을 정복하기 시작했어요. 이제 남은 지역은 아시아 동쪽의 만주와 한반도였지요. 몽골군은 한반도를 집어삼키고 바다 건너 일본까지 차지할 욕심을 갖고 있었지요. 1231년에 시작된 몽골과의 전쟁은 그 후 약 30년간 계속되었어요.

살리타 대장이 이끄는 몽골군이 들이닥치자 겁 많은 지방 관리들은 싸워 보지도 않고 항복하는 경우도 있었어요. 하지만 구주에 이르러 몽골군은 더 이상 나아갈 수가 없었어요. 구주성을 지키고 있던 박서와 백성들이 똘똘 뭉쳐 목숨을 아끼지 않고 싸웠으니까요.

할 수 없이 몽골군은 다른 길로 돌아서 개경을 향했어요. 지레 겁을 먹은 고려 왕은 쉽게 항복을 했고, 몽골군은 고려를 감시하기 위한 몽골 관리들과 군대를 남겨 놓은 채 떠났어요.

몽골군이 물러나고 나자 고려의 권력자들은 생각이 바뀌었어요.

"몽골 같은 오랑캐에게 머리를 숙이다니 이건 창피스러운 일입니다. 무슨 일이 있더라도 끝까지 싸워야 합니다."

최충헌의 뒤를 이어 정권을 잡은 최우는 이렇게 큰소리를 쳤어요. 그러고는 곧바로 수도를 강화로 옮겼지요. 왕과 신하들 그리고 개경의 백성들은 줄지어 강화도로 건너갔어요. 하지만 그렇다고 몽골에 맞서 싸울 만한 준비가 되어 있었던 것은 아니었어요.

고려가 약속을 지키지 않고 몽골에 맞서자 몽골군은 다시 쳐들어왔어요. 몽골군은 강화도를 공격하려 했지만 번번이 실패했고, 대신 한반도의 구석구석을 짓밟았어요. 몽골군의 말발굽 아래 고려의 국토는 온통 쑥대밭이 되어 버렸고 시체가 산처럼 쌓였지요. 잔인한 몽골군은 열 살 이상의 남자는 무조건 죽이고 여자와 아이들은 사로잡아 병사들에게 나누어 주었다고 해요.

하지만 고려의 백성들은 굽히지 않고 몽골군에 맞서서 싸웠어요. 고려 왕과 관리들 밑에서 고통스럽게 살아가던 천민과 농민들이 앞장서서 싸웠지요. 고려에 반대하여 싸우던 노비와 농민들의 군대인 초적이 정부군을 도와 몽골을 물리치는가 하면, 충주에서는 양반들이 모두 도망간 뒤 노비와 농민들이 군대를 만들어 몽골과 싸웠어요.

용인 부근의 처인성에서는 스님 김윤후가 이끄는 고려군이 몽골군에 맞서 용감하게 싸웠어요. 이때 김윤후는 화살을 날려 적의 대장인 살리타를 죽이기도 했어요. 그 후에도 김윤후는 몽골군이 몰려올 때마다 백성들을 이끌고 싸움을 벌였어요. 그러나 충주성에서 김윤후가 백성들에게 나아가 싸우자고 했을 때는 백성들이 들은 척도 하지 않았어요.

"왕과 나라의 높은 사람들은 모두 강화도로 도망가서 편안히 놀고 있는데 우리만 피 흘리며 싸울 필요가 어디 있습니까? 그 못된 양반들이 몽골군보다 나을 것이 뭐가 있다고요."

그러자 김윤후는 그 자리에서 노비 문서를 꺼내 모두 불태워 버렸어요.

"몽골군만 무찌른다면 노비도 해방되어 자유롭게 살 수 있습니다."

김윤후가 이렇게 외치자 그제야 백성들은 힘을 합해 전쟁에 참가했어요. 충주에서도 김윤후의 군대는 몽골군을 크게 이겼지요.

이 소식을 듣고 나라에서는 김윤후에게 대장군이라는 높은 벼슬을 주려 했지만 김윤후는 거절하고 다시 절로 들어가 버렸어요.

이렇게 육지에서는 농민, 천민들이 목숨을 걸고 싸우는 동안 강화도에서는 연일 잔치 음식 냄새와 음악 소리가 끊이지 않았어요. 왕과 높은 관리들은 사냥에 재미가 붙어서 시간 가는 줄을 몰랐어요.

강화도에 있는 동안 최우가 죽고, 그의 아들 최항이 정권을 잡았지만 그도 몇 년 못 가서 죽었어요. 그 뒤를 이은 것은 최의였는데, 최의는 장군들의 미움을 받아 그만 살해당하고 말았어요. 이렇게 해서 60년 동안 계속되던 최씨 집안의 독재 정치는 끝이 났어요.

그러던 중 고려를 공격하는 데 지친 몽골이 사신을 보내왔어요.

"고려 왕이 직접 몽골로 와서 황제에게 인사를 하고, 고려의 도읍을 다시 개경으로 옮긴다면 전쟁을 끝내겠소."

이 말을 들은 무신들은 펄쩍 뛰었어요.

"안 됩니다. 끝까지 싸워서 이겨야 합니다."

하지만 이 기회에 무신들을 몰아내려 했던 문신들의 의견은 달랐어요.

"지금 육지에서는 몽골군의 침략으로 백성들이 맞아 죽고 굶어 죽어 사람을 찾아보기 힘들 지경입니다. 국토도 모두 잿더미로 변했습니다. 일단 머리를 숙이고 나라의 힘을 키운 후 다시 싸우는 것이 현명할 것입니다."

이런 말을 들으며 왕은 고개를 숙이고 눈물을 흘리며 말했어요.

"백성이 없으면 어떻게 왕 노릇을 한단 말인가."

왕은 곧 태자를 몽골로 보내 항복하게 했어요. 그리고 항복하는 데 반대하는 무신들을 죽이고, 1270년에 도읍을 다시 개경으로 되돌렸지요. 이렇게 해서 몽골과의 전쟁은 끝나고, 100여 년 동안 계속된 무신들의 세상도 끝이 났어요. 하지만 이때부터 고려는 몽골의 지배에 들어갔어요.

고려 정부가 몽골에 항복한 후에도 일부는 강화도에 남아 몽골과의 전쟁을 계속했어요. 최씨 집안을 지켜 주는 부대였던 삼별초가 그들이었지요. 왕은 개경으로 돌아가며 삼별초에게 흩어져 집으로 돌아가라고 명령했지만, 삼별초는 왕의 말을 듣지 않았어요.

"몽골에게 머리를 숙이느니 차라리 죽는 것이 낫다. 우리는 몽골에게 항복한 왕을 모실 수 없다."

삼별초는 이렇게 주장하면서 새로 왕을 세웠어요. 그러고는 남해의 진도를 중심으로 남해안 부근은 물론이고 경상도 내륙으로까지 치고 올라왔어요. 고려의 백성들은 삼별초를 지지했지요.

한편, 몽골은 고려를 항복시킨 후 뒤이어 일본을 치려고 준비하는 중이었어요. 그런데 삼별초가 남해를 차지하고 있으니 곤란해졌지요. 몽골과 고려는 함께 삼별초를 공격하기 시작했어요.

삼별초는 고려와 몽골의 연합군에게 밀려 제주도로 옮겨 갔어요. 제주도에서도 삼별초와 연합군 사이에 한바탕 싸움이 벌어졌지만 연합군을 당해 내기에는 삼별초의 힘이 너무 약했어요. 1273년, 마지막까지 버티던 70명의 삼별초 병사들은 한라산으로 들어가 스스로 목숨을 끊었어요.

이후 고려는 원나라(몽골족이 세운 나라)가 망해 가던 고려 말까지 약 100년 동안 몽골 밑에 억눌려 지냈어요. 하지만 그 오랜 세월 동안에도 민족의 맥은 끊어지지 않았어요. 이렇게 민족정신이 이어질 수 있었던 것은 다른 민족의 침입에 맞서 싸웠던 이름 없는 백성들의 애국, 애족심 때문이었지요.

"우리는 칭기즈 칸의 후손이 아니라 대대로 한반도에 뿌리내리고 산 단군의 자손이잖아. 그러니까 유목민처럼 살 생각을 하기보다는 한곳에 머물러 살다가 가끔 여행을 다니는 게 좋을 것 같아. 돌아올 집이 없다면 여행도 재미없을 것 같거든."

할아버지 말씀이 끝나자 현수가 말했어요. 하지만 준호는 여전히 고집을 꺾지 않았지요.

"그래도 나는 유목민처럼 살고 싶어. 사람이 꼭 어떻게 살아야 한다고 정해진 건 아니잖아. 말을 못 타면 자동차를 타고 다니면 되잖아. 난 이다음에 크면 전 세계를 여행할 거야."

"세계 여행 계획은 나중에 세우고 우선은 2박 3일 여름 여행 계획이나 세우자고."

현아가 다시 지도를 펼치며 말했어요.

말머리를 돌려라

∷ 조선의 건국

여름방학을 하던 날 현아와 현수, 준호는 신이 나서 집으로 뛰어 들어왔어요. 방학을 축하하는 의미로 할아버지가 아이들에게 피자를 사 주시기로 했거든요.

"할아버지, 할아버지, 빨리 피자 시켜 주세요."

현아가 제일 먼저 도착해서 소리쳤어요.

"우리 할아버지가 피자를 시켜 주시다니 정말 혁명적인 일이야."

현수도 뒤따라 들어오며 말했어요.

"혁명적인 게 뭔데?"

마지막으로 준호가 들어서며 물었어요.

"혁명이라는 것은 말이야, 무언가가 차근차근 변하는 것이 아니라 한꺼번에 확 변하는 걸 말해. 그러니까 혁명적인 일이라는 것은 할아버지가 갑자기 확 바뀐 것 같다는 의미지. 맞죠, 할아버지?"

가뜩이나 더운데 잘난 척 대장 현수의 말을 듣고 있으려니 현아는 더 열이 나는 것 같았어요.

"그래. 비슷하게 맞긴 하구나. 혁명이라는 말은 주로 정치에서 많이 쓰이는데 과거와는 질적으로 다른 것을 새롭게 세우는 걸 뜻하지. 또는 왕조가 바뀌는 걸 혁명이라고 부르기도 해. 그러니까 이성계가 고려를 무너뜨리고 조선을 세운 것처럼 말이지."

할아버지가 말씀하셨어요.

"피자는 이미 시켜 놨으니까 이리 앉아서 이성계는 어떻게 조선이라는 새로운 나라를 세웠는지 들어 볼래?"

아이들은 모두 할아버지 곁에 둘러앉아서 피자가 배달되기를 기다리며 이야기에 귀를 기울였어요.

14세기 후반, 중국에서는 몽골족이 세운 원나라가 무너져 가고, 새로 명나라가 들어섰어요. 원나라는 명나라에게 밀려서 북으로 쫓겨 갔지요.

이렇게 되자 원나라에 억눌려 지내던 고려에도 많은 변화가 생겼어요. 그동안 고려에서는 원나라에 빌붙어서 떵떵거리며 사는 사람들이 많이 있었어요. 이들은 대대로 높은 벼슬을 독차지하고, 넓은 땅을 갖고서 사치스러운 생활을 했지요.

원나라가 망하고 명나라가 일어나자 고려에서는 이들의 힘이 약해지고

대신 젊은 관리들의 목소리가 커졌어요. 원나라에 반대하는 젊은 관리들은 반대로 명나라와 친하게 지내야 한다고 주장했어요. 이들은 중국의 성리학이라는 학문을 배워서 이것을 자신의 사상으로 삼고 있었어요. 이들을 신진 사대부라고 불렀지요.

신진 사대부의 세력이 커졌던 것은 공민왕의 개혁 덕분이었어요. 공민왕은 원나라에 반대하여 고려의 독립을 되찾으려 했어요. 그러기 위해서는 먼저 원나라에 붙어서 권력을 쥐고 있는 관리들을 몰아내야 했지요.

하지만 공민왕에게는 개혁을 할 만한 힘

이 없었어요. 아직 왕의 힘보다는 원나라에 빌붙어 있는 관리들의 힘이 더 컸기 때문이지요. 그래서 공민왕의 개혁은 실패로 끝났지만 공민왕이 능력 있는 젊은이들을 관리로 뽑았던 덕분에 신진 사대부들은 그 기회에 힘을 키울 수 있었어요.

이 시기의 유명한 신진 사대부로는 이색, 정몽주, 정도전, 조준, 권근 등이 있었어요. 신진 사대부들은 역시 같은 개혁 세력이었던 장군들과 친하게 지냈어요.

그즈음 고려는 홍건적과 왜구의 침입으로 잠시도 편할 날이 없었어요. 장군들은 이들과 전쟁을 하면서 실력을 쌓은 사람들이었지요. 신진 사대부나 장군들은 모두가 별 볼일 없는 집안에서 자라 겨우겨우 벼슬길에 오른 사람들이었어요. 이들은 고려 사회를 새롭게 바꿔야 한다는 데 생각을 같이하고 있었어요. 이성계도 바로 이런 장군들 중의 하나였어요.

1388년의 일이었어요. 명나라에서 온 사신이 목소리를 높였어요.

"철령 북쪽의 땅은 원래 원나라의 쌍성총관부가 있던 자리 아니오? 그러니 이제 그 지역은 우리 명나라의 땅이 되어야 옳소."

철령 북쪽의 땅은 원나라가 고려로부터 빼앗았던 것인데 원나라가 물러가고 나자 자연히 고려에게 돌아왔지요. 그런데 명나라는 이제 그 땅을 자기들이 차지하겠다고 나서는 것이었어요. 명나라는 곧 철령 북쪽에 철령위라는 관청을 설치해 버렸어요.

그러자 고려의 신하들은 의견이 두 편으로 갈라졌어요. 먼저 최영 장군이 말했지요.

"그 땅은 우리가 원에게서 되돌려 받은 것입니다. 명나라가 이를 차지하는 것은 도둑과 같은 짓입니다. 아예 이번 기회에 요동성을 공격해서 만주 땅에서 명나라를 쫓아 버려야 합니다."

최영은 고려의 이름난 가문 출신이었고, 우왕의 장인이기도 했어요. 그러자 명나라와 가깝게 지내야 한다고 주장했던 장군들이나 신진 사대부가 가만히 있을 리 없었지요. 이성계가 먼저 나섰어요.

"명나라는 고려보다 훨씬 큰 나라입니다. 작은 나라가 큰 나라를 쳐서는 안 됩니다. 또 지금 군대를 동원하면 농사일은 누가 돌보겠습니까? 그뿐 아닙니다. 온 나라 안의 군대를 다 동원해서 요동으로 떠나 버리면 그 틈을 타서 왜적이 극성을 부릴 것입니다. 더구나 이제 곧 장마철인데 장마

철에는 아교가 녹아서 활을 쏠 수 없고 병사들이 병에 걸리기 쉽습니다."

이성계가 조목조목 따지며 반대를 했지만 왕을 설득하지는 못했어요.

최영의 주장대로 4만 명의 고려군은 요동을 향해 출발했어요.

대장은 최영이 맡았고 이성계와 조민수가 그의 밑에서 각각 군대를 이끌었어요. 이성계가 이끄는 군대는 제일 앞장서서 압록강 가에 다다랐어요. 그곳에는 위화도라는 작은 섬이 있었어요.

최영은 압록강을 건너 나아가라는 명령을 내렸어요. 하지만 이성계는 압록강을 건너지 않았어요.

"말머리를 돌려라!"

이성계의 군대는 요동성을 공격하는 대신 되돌아 개경을 향했어요. 군대는 모두 요동을 향해 떠나고 개경에 남아 있는 군사는 얼마 되지 않았어요. 이성계는 손쉽게 개경을 차지한 뒤 우왕을 물러나게 하고 최영은 귀양을 보냈어요. 그리고 얼마 지나지 않아 최영에게는 사형이 내려졌는데, 최영은 마지막까지 당당하게 자신의 의지를 굽히지 않았어요.

권력을 잡고 난 이성계와 그의 무리는 곧 두 편으로 갈라졌어요. 정몽주 등 몇몇 사람들은 우왕의 아들 창을 다음 왕으로 모셨어요. 이렇게 해서 고려라는 틀 속에서 개혁을 이루려 했던 것이지요.

하지만 이성계를 중심으로 한 몇몇 사람들의 생각은 달랐어요. 그들은 창왕을 몰아내고 공양왕을 왕위에 앉혔어요. 그러고는 은밀히 고려를 무너뜨리고 새로운 나라를 세울 계획을 세웠어요.

새로운 나라를 세우려면 먼저 정몽주 등의 반대파를 죽여야 했지요. 아버지를 돕고 있던 이성계의 아들, 이방원은 어느 날 정몽주와 마주 앉아 이런저런 얘기를 나누고 있었어요.

"날씨도 화창한데 우리 시나 한 수씩 읊어 보는 것이 어떻겠습니까?"

이방원은 이렇게 말하고 나서 곧 '하여가'라는 시를 읊었어요.

이런들 어떠하며 저런들 어떠하리,

만수산 드렁칡이 얽혀진들 어떠하리,

우리도 이같이 얽혀져 백 년까지 누리리라.

즉, 왕씨가 왕이면 어떻고 이씨가 왕이 되면 또 어떠냐, 무너져 가는 고려에만 충성하지 말고 우리와 사이좋게 지내자는 뜻이었지요.

그러자 그 시를 듣고서 정몽주는 맞받아서 시를 읊었어요.

이 몸이 죽고 죽어 일백 번 고쳐 죽어

백골이 진토 되어 넋이라도 있고 없고

임 향한 일편단심이야 가실 줄이 있으랴.

'단심가'라는 이 시를 듣자 이방원은 얼굴색이 변해서 자리를 떴어요. 고려왕을 향한 정몽주의 충성스러운 마음이 변하지 않으리라는 것을 확인했기 때문이지요.

며칠 후, 이방원은 선죽교라는 다리를 지키고 있다가 정몽주를 죽였어요. 이렇게 해서 이제 이성계에게 반대할 사람은 모두 없어진 것이지요.

이성계는 곧 공양왕에게 왕의 자리를 자기에게 내놓으라고 했어요. 공양왕은 이성계에게 쫓겨나고 고려는 나라가 세워진 지 475년 만에 멸망하

고 말았어요. 그리고 1392년, 새롭게 조선이라는 나라가 세워졌지요.

나라를 세운 이성계는 1394년에 도읍을 한양, 즉 지금의 서울로 옮겼어요. 한양에 경복궁을 짓고 이듬해에는 성을 쌓기 시작했어요. 백악산 꼭대기에서 시작해 시내를 돌아 다시 백악산에 이르는 길이 5만 9,500자의 성이었지요. 성의 높이는 40자 2치였고요. 성이 완성되는 데는 1년이 걸렸고, 전국 각지의 백성들이 성 쌓는 데에 동원되었어요.

또 성에는 모두 여덟 개의 문을 만들었는데 네 개는 큰 문이었고 나머지 네 개는 작은 문이었지요. 우리가 남대문이라고 알고 있는 남쪽 문의 이름은 숭례문이었고, 북쪽은 숙정문, 동쪽은 흥인문, 서쪽은 돈의문이었어요. 그리고 그 사이사이에 작은 문이 네 개 더 있었어요.

남대문이라고 불리던 숭례문은 국보 1호로 지정되었고, 서울에 남아 있는 나무로 지은 건물 중 가장 오래된 것이었지요. 하지만 2008년 겨울에 난 화재로 잿더미로 변해 버려 국민들을 안타깝게 했어요.

"유교의 사상 중에는 역성혁명이라는 게 있어. 왕이 덕이 없어 백성들이 따르지 않으면 다른 덕 있는 사람이 하늘의 뜻을 받아 새로 왕조를 열 수도 있다는 거지. 고려 말의 정치는 썩을 대로 썩어 있었어. 높은 벼슬을 독차지한 몇몇 집안은 땅도 어마어마하게 많이 차지하고서 백성들을 괴롭혔지. 그러니까 이성계가 위화도에서 회군할 때 병사들이 순순히 그의 말에 따랐던 거야. 이성계가 고려의 낡은 정치를 바로잡아 줄 것이라고 기대를 걸었던 거지. 이렇게 이성계의 개혁은 백성들에게 환영을 받았어. 하지만 왕을 몰아내고 신하가 그 자리를 빼앗았다고 해서 이성계를 싫어하는 백성들도 적지 않았지. 고려 왕조를 무너뜨리고 새로운 나라를 세우는 동안 너무나 많은 사람을 죽여 원망을 사기도 했고."

"그러니까 정몽주처럼 고려의 잘못된 정치를 바로잡는 개혁에는 찬성하지만 왕조를 바꾸는 혁명에는 반대했던 사람들도 있었던 거네요."

현수가 말하는 동안 피자가 도착했어요.

"와! 혁명적인 피자다!"

현아가 현수의 말을 흉내 내며 소리쳤어요.

"그런데 할아버지 말씀을 듣고 보니까 혁명적이라는 말은 이럴 때 쓰는 게 아닌 것 같아. 할아버지가 그동안 가끔 자장면 정도는 시켜 주셨잖아. 자장면에서 피자로 바뀐 걸 혁명이라고 하긴 어렵지. 소갈비 정도라면 모를까?"

준호의 말에 할아버지는 허허 웃기만 하셨어요.

부록

한국사·세계사 연대표
역대 왕조 계보

고구려
백제
신라
발해
고려

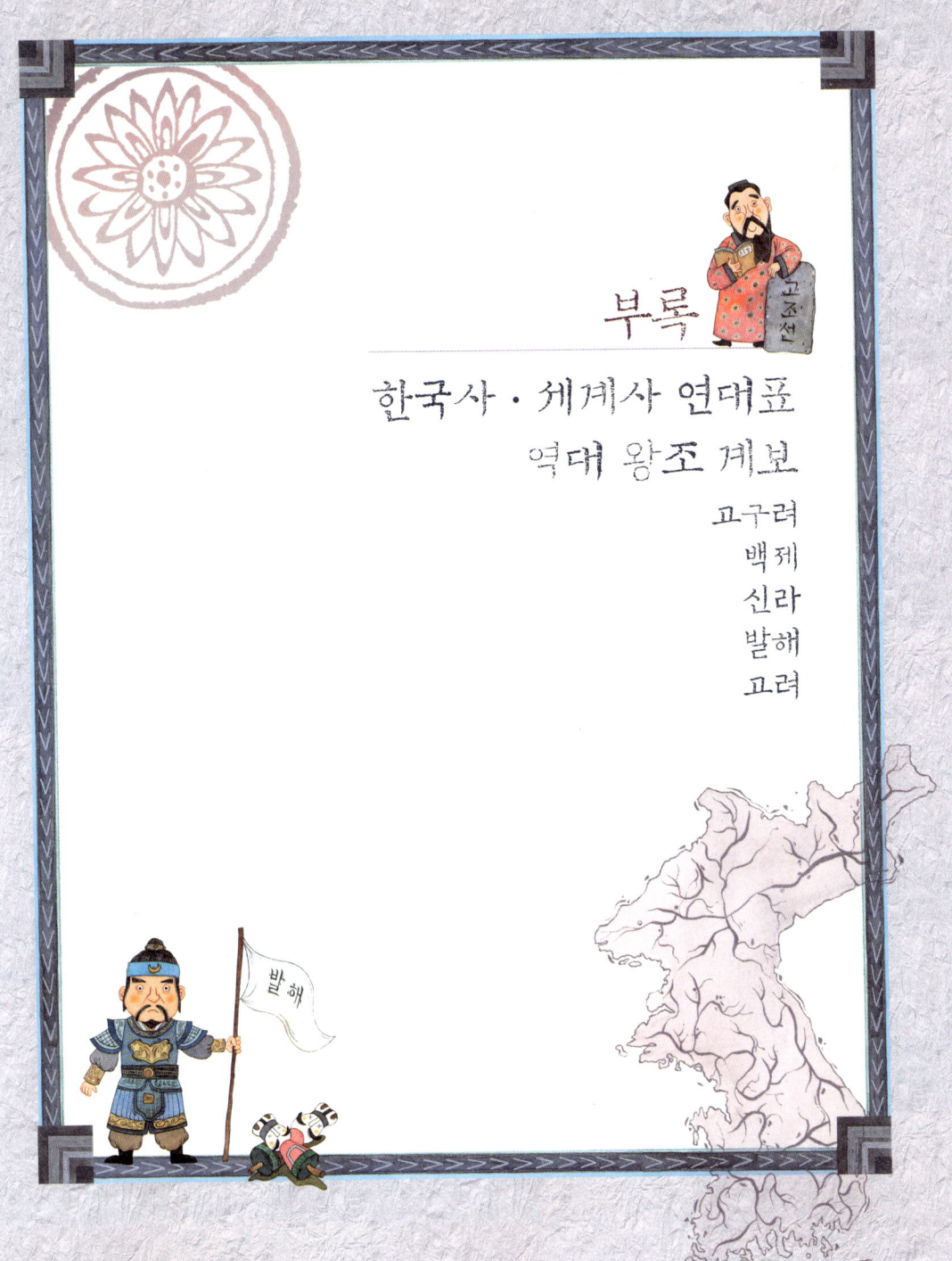

{ 한국사 세계사 } 연대표

BC 2333년 단군 조선 개국, 단군왕검
BC 194년 고조선 왕 즉위, 위만
BC 57년 신라 건국, 박혁거세
BC 37년 고구려 건국, 주몽
BC 18년 백제 건국, 온조

기원전

BC 563년 석가모니, 탄생
BC 561년 페이시스트라토스, 아테네 최초로 참주로 선정
BC 479년 공자, 사망
BC 334년 동방 원정 시작, 알렉산더 대왕
BC 221년 진나라 중국 최초 통일, 진시황제
BC 73년 노예 반란, 스파르타쿠스
BC 4년 예수, 탄생

42년 금관가야 건국, 김수로

0
100
200

371년 평양성 점령, 근초고왕
396년 백제 공격 58성 차지, 광개토대왕

300

400

409년 서고트족 로마 침입, 알라리크

527년 불교를 위한 순교, 이차돈

500

612년 살수 대첩, 을지문덕
642년 정변을 일으키고 권력 장악, 연개소문
654년 태종 무열왕 즉위, 김춘추
660년 백제 사비성 함락, 김유신
660년 백제 멸망, 의자왕
676년 신라 삼국 통일, 문무왕
698년 발해 건국, 대조영

600

628년 당나라 중국 대통일, 이세민

	700
828년 청해진 설치, 장보고	800 — 800년 서로마 황제의 부활, 샤를마뉴(카롤루스 대제)
900년 후백제 건국, 견훤 918년 고려 건국, 왕건	900

	1000 — 1095년 십자군 제창, 우르바누스 2세
1126년 이자겸의 난, 이자겸 1135년 서경 천도 운동, 묘청 1170년 무신정변, 정중부 1198년 만적의 난, 만적	1100
1274년 대몽 항쟁, 삼별초	1200 — 1206년 몽골 제국 수립, 칭기즈 칸
1392년 조선 건국, 이성계	1300 — 1368년 명나라 수립, 주원장
	1400 — 1453년 오스만 투르크 콘스탄티노플 점령, 무함마드 2세

{ 역대왕조 계보 }

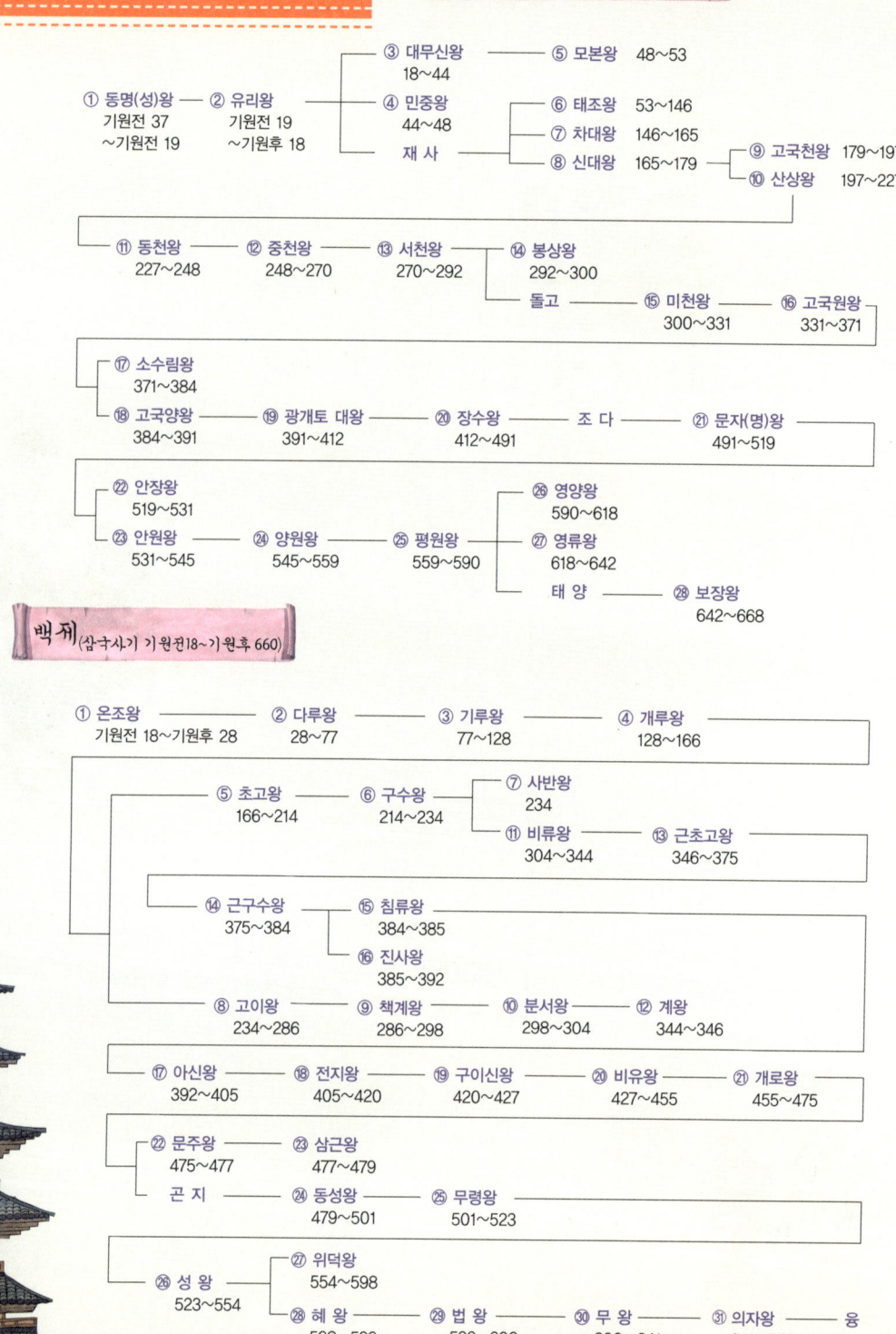

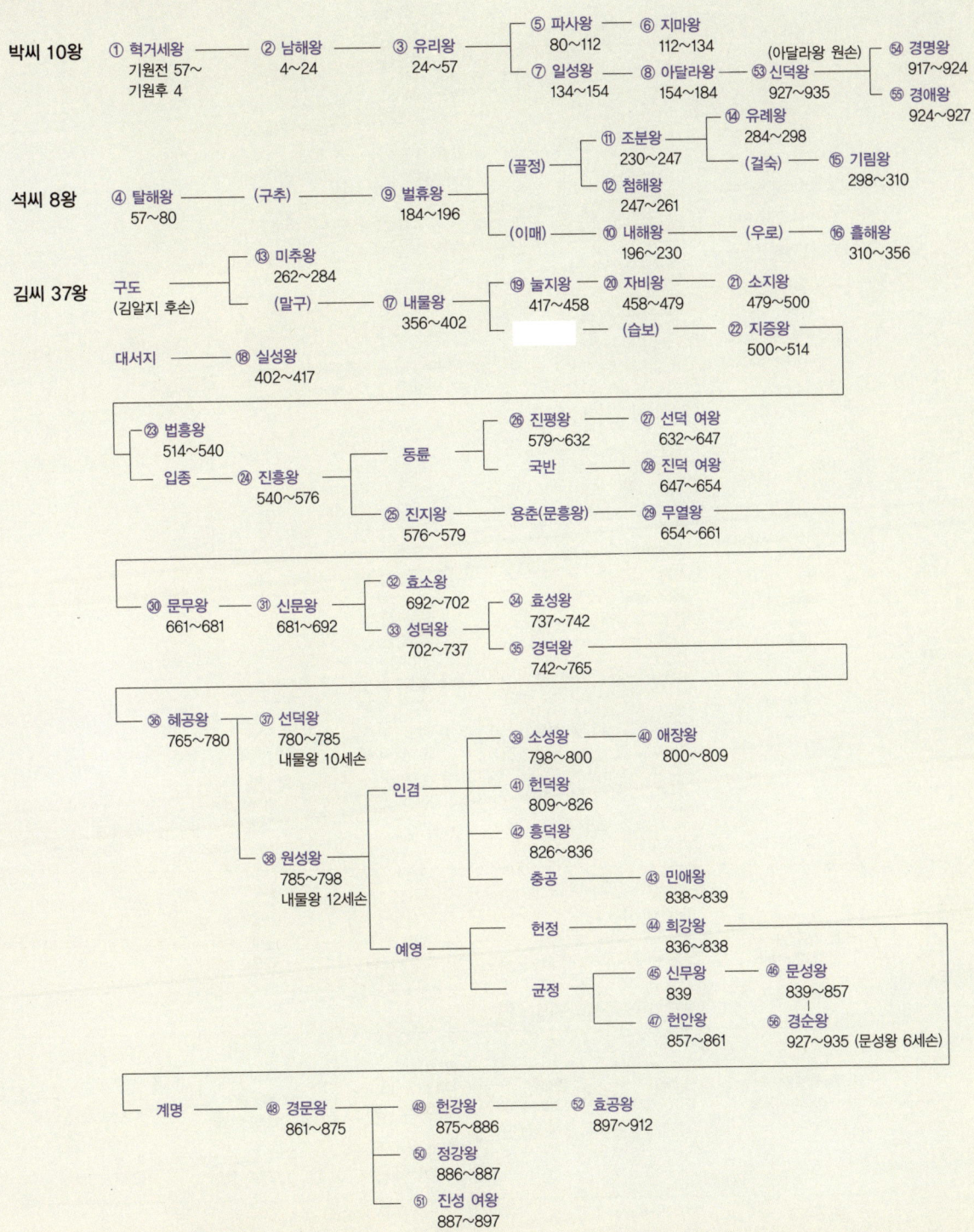

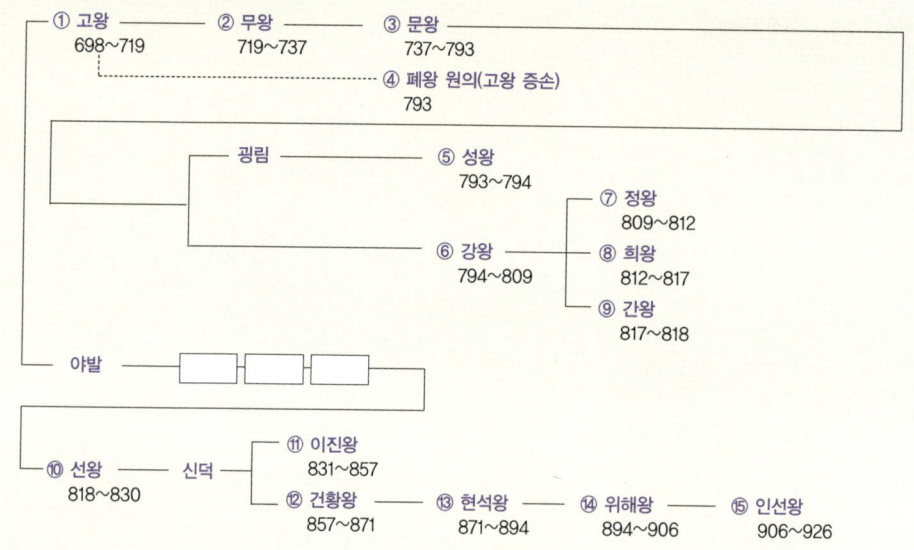
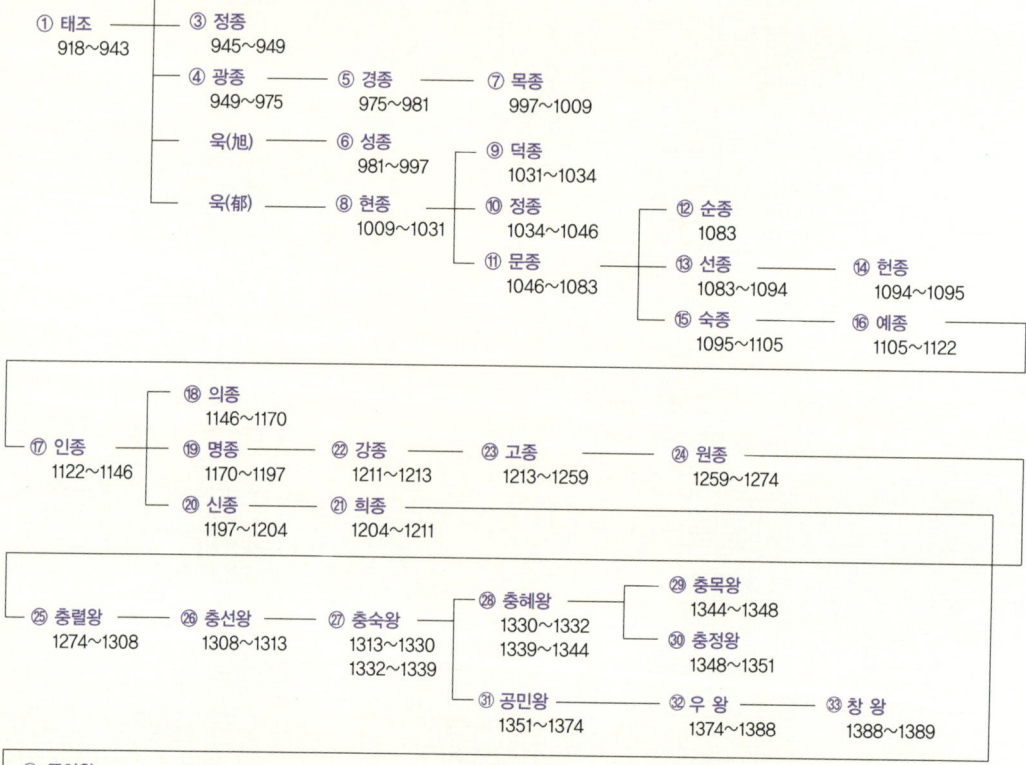

세상 모든 시리즈

그림, 음악, 문학, 과학, 건축 등 어린이들의 생각과 꿈이 자라게 할,
좋은 밑거름이 될 이야기들을 모았습니다.
어린이들이 알고 싶은 세상 모든 이야기들이 꿈소담이 세상 모든 시리즈에 담겨 있습니다.

[★한국간행물윤리위원회 추천도서　★소년조선·조선일보 좋은책 선정도서　★어린이도서연구회 권장도서
★한우리독서문화운동본부 권장도서　★어린이책연구소 권장도서　★책교실 좋은 어린이책 권장도서
★어린이문화진흥회 선정 좋은 어린이책　★부산시 교육청 책 읽는 학교 추천도서　★아이북랜드 추천도서]

1. 세상 모든 화가들의 그림 이야기 | 2. 세상 모든 음악가의 음악 이야기 | 3. 세상 모든 작가들의 문학 이야기 | 4. 세상 모든 과학자의 과학 이야기 | 5. 세상 모든 발명가의 발명 이야기 | 6. 세상 모든 환경 운동가의 환경 이야기 | 7. 세상 모든 수학자의 수학 이야기 | 8. 세상 모든 철학자의 서양 철학 이야기 | 9. 세상 모든 철학자의 동양 철학 이야기 | 10. 세상 모든 CEO의 경영 이야기 | 11. 세상 모든 탐험가의 탐험 이야기 1 : 세계 지도를 완성하다! | 12. 세상 모든 탐험가의 탐험 이야기 2 : 인간의 한계에 도전하다! | 13. 세상 모든 경제학자의 경제 이야기 | 14. 세상 모든 법률가의 법 이야기 | 15. 세상 모든 성인들의 종교 이야기 | 16. 세상 모든 사람들의 소중한 이야기 | 17. 세상 모든 사람들의 아름다운 이야기 | 18. 세상 모든 사람들의 사랑 이야기 : 한국편 | 19. 세상 모든 사람들의 사랑 이야기 : 외국편 | 20. 세상 모든 건축가의 건축 이야기

전 20권 | 각 권 8,800원

www.dreamsodam.co.kr

생각쟁이들이 열고 싶어하는
철학꾸러미 시리즈

창의력 쑥쑥! 논리력 쑥쑥! 사고력 쑥쑥!
생각의 바다를 헤엄치는 철학 물고기를 잡아요!

머릿속을 헤엄치는 가치 물고기
강여울 글 | 김은하 그림
한국간행물윤리위원회 선정 청소년 권장도서
어린이문화진흥회 선정 좋은 어린이 책

머릿속을 헤엄치는 창의 물고기
최은규 글 | 김은하 그림
청와대 어린이신문 푸른누리 추천도서
어린이문화진흥회 선정 좋은 어린이 책

머릿속을 헤엄치는 논리 물고기
양대승 글 | 김은하 그림

각권 200p 내외 | 각권 9,000원

www.blog.naver.com/sodamjunior

고학년 인성 시리즈

제대로 된 **인성교육**은
삶의 **가치**를 바꾸어 놓습니다.

**바른 인성을 가진 아이가 밝은 미래를 이끌어 갑니다.
스스로 정의롭고 아름다운 인성을 가꿀 수 있는 방법을 가르쳐 주세요.**

"내 마음이 자라는 게 보이나요?"

소중한 어린이들의 마음에 밝은 꿈과 희망, 자신감을 심어 줍니다.

★한국문화예술위원회 선정 우수문학도서 | ★어린이문화진흥회 선정 좋은 어린이 책 | ★한우리 선정 굿북

① 참 아름다운 생명 | ② 진심으로 통하는 마음 우정 | ③ 세상을 밝히는 별 양심 | ④ 따뜻한 사랑의 시작 관심 |
⑤ 할 수 있다는 믿음 자신감 | ⑥ 행복을 빼앗는 괴물 폭력 | ⑦ 감출수록 늘어나는 허물 거짓말 | ⑧ 지친 몸과 마음이 보내는 신호 짜증 | ⑨ 성공한 사람에게 없는 것 게으름 | ⑩ 제멋대로 들썩대는 뿔난 마음 고집

각권 160쪽 내외 | 각권 9,000원

www.dreamsodam.co.kr

청소년 교양도서

사랑스런 10대들의
영화보다 영화 같은 이야기!

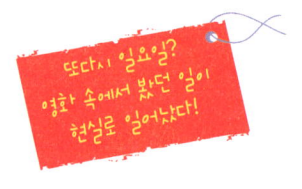

8월의 7번째 일요일

다시는 맞이할 수 없는 월요일을 되찾기 위해
고군분투하는 프레디의 시간 여행

자비네 루드비히 지음 | 함미라 옮김 | 332쪽 | 값 10,000원

세상에서 제일 끔찍한 엄마들

사라진 엄마를 찾아 나선 아이들의
험난한 여정!

자비네 루드비히 지음 | 함미라 옮김 | 432쪽 | 값 10,000원

레크리스 _ 거울 저편의 세계

유럽에서 가장 사랑 받는 작가 코넬리아 푼케와
영화 '해리포터'와 '셜록홈즈'의 제작자인
리오넬 위그럼이 새롭게 창조한 판타지 소설!

코넬리아 푼케 지음 | 함미라 옮김 | 480쪽 | 값 13,800원

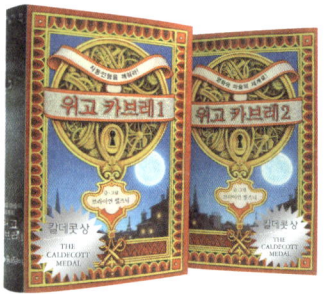

칼데콧상 **2011년 영화 개봉 예정!**

위고 카브레 _ 1, 2

돌아가신 아버지의 뒤를 이어 신비의 자동인형을 고치겠다고 다짐했지만
열두 살 위고에게는 아직 버겁기만 한데…
자동인형에 얽힌 비밀을 풀어가며 만난 조르주 할아버지의 정체는?
위고를 기다리고 있는 것은 무엇일까?

1권 자동인형을 깨워라! 2권 영화와 마술의 세계로!
브라이언 셀즈닉 지음 | 각권 9,500원

역사를 바로 알아야 세상을 바로 볼 수 있습니다.
소담주니어의 역사 이야기는 옛날이야기를 듣듯 쉽고 재미있습니다.